外交敗北

日朝首脳会談と日米同盟の真実

重村智計

講談社

外交敗北——日朝首脳会談と日米同盟の真実　目次

まえがき――拉致は「ファイナル・ボキャブラリー」だった　9
「ファイナル・ボキャブラリー」としての朝鮮問題　9
国会対策的手法が「外交敗北」をもたらした　12

第1章　米国は日朝首脳会談に反対であった　21

同盟崩壊の危機を招いた首脳会談　22
ブッシュ政権の北朝鮮政策とは、何か　24
ブッシュは日朝正常化に反対した　31
アーミテージとボルトンの怒り　40
ブッシュ・金大中会談の教訓　46
米政府は「首脳会談支持」を表明しなかった　51
日本は濃縮ウラン開発を知らなかった　61
サスピシャス・ガイ　68
日朝正常化を阻止せよ　74

第2章　外交放棄のミスターXとの交渉　87
外務省は秘密警察幹部を相手に選んだ　88
拉致に言及しない「国会対策的外交」　93
ソ朝同盟の崩壊　103
ファン・チョルの栄華　110
ファン・チョルとキム・ヨンスンの没落　118
ミスターXの栄光と退場　125
第3章　日朝首脳会談の真実　135
誰も全員の安否情報を予想しなかった　136
金正日は全員の安否情報を約束した　142
「朝鮮語翻訳に数時間」はウソだった　145
何が「五人生存」と「八人死亡」を分けたのか　148
五人は戻さない——外交が機能した　154

利用された政治家たち　161
金正日にしっぺ返しされた再訪朝　167
姜東権こそ拉致被害者管理の責任者　171

第4章　平壌とワシントンからの証言　177

ミスターXはテレビに映っていた　178
後ろ盾は平壌の「ラスプーチン」？　184
工作機関は全員の安否情報に反対した　187
「生きている拉致被害者四～五人でいい」　192
Xは日本の官僚を全面的に信頼した　195
覚書が存在する？　196
拉致被害者は生きている　198
偽札と偽タバコ制裁での崩壊戦略　203
死んでも核を放棄しない――ワシントンの現実主義　207

第5章　外交敗北　213
世界的視点での取り組みを　214
外交とは「理解可能性」を高める作業　222
外交政策を論議する場がない　228
終　章　日米同盟の再建　231
歴史的なブッシュ大統領と横田さんの会見　232
日米同盟はなぜ重要か　235
国家が機能しなかった　236
なぜ救出できないのか　244
「政党・議員外交」をやめよ　248
訪朝団メンバー一覧　252
あとがき――北朝鮮情報の読みかた　254

●図版
なかがわみさこ
●写真協力
共同通信社
毎日新聞社
講談社写真資料センター

外交敗北

——日朝首脳会談と日米同盟の真実

まえがき――拉致は「ファイナル・ボキャブラリー」だった

「ファイナル・ボキャブラリー」としての朝鮮問題

この本で、私は日朝首脳会談が日米同盟を危機に直面させた真実を明らかにしようとしている。日朝国交正常化は、実は日米同盟にとって最大のコモン・アジェンダ（共通の議題）なのだ。日本の政治家や外交官は、長い間この真理に目を向けなかった。

福田康夫・元官房長官は、二〇〇六年の春に突然ワシントンを訪問した。この背景には、日朝首脳会談実現の過程で、福田氏がブッシュ政権高官たちの信頼を失った事実がある。日朝首脳会談で失われた信頼の回復を図ったワシントン入りだった。

ところで、小泉純一郎首相が取り組んだ改革には歴史的意味があった、と私は考えている。小泉首相は、日本を崩壊させかねない官僚体制に、衝撃を与えた。また、日米同盟の意味を十分に理解していた。利権政治、族議員を弱体化させた。

半面、多くの問題も残した。個人情報保護法は、民主主義の発展と言論の自由を弱体化させる。道路公団の民営化も失敗である。

また、首相公選制は、実現してほしかった。天皇制を維持するなら、二一世紀の日本の民主主義の発展に、不可欠な制度だ。五十年後、百年後には首相公選制は実現しているだろう。世界史の中で主導権を握る国家は、フランシス・フクヤマ教授（米ジョンズ・ポプキンス大）の予言通り「自由民主主義」を発展させる国家だからだ。

祖父が日本からの移民のフクヤマ教授は、米国でも有数の哲学者であり政治経済学者でもある。著書の『歴史の終わり』（一九九二年）が、欧米でベストセラーになった。フクヤマ教授は、「自由民主主義」が歴史を導く政治システムである、と説いた。この本は、今もなお現代国際政治の教科書の一冊として高い評価を得ている。

小泉首相は、言葉の政治家である。

言葉が政治を動かし、社会を変えることを証明した。日本的な政治家ではない。これだけでも、国際的な政治家としての資格はある。欧米やアジアでは、改革者は言葉で歴史を変えてきた。

ファイナル・ボキャブラリーという言葉がある。どんな国家や社会にも、一つの解釈しか許さない表現や、絶対に譲れないと思われる言葉がある。それが、ファイナル・ボキャブラリーだ。現代アメリカを代表する哲学者、リチャード・ローティー博士が創造した言葉である。それを、私は国際政治や歴史の変革を説明する理論として、応用している。一言で言えば「バカの壁の克服」である。

例えば、日本では広島、長崎への米国の原爆投下を弁護する解釈は、認められない。韓国では、「植民地のおかげで発展した」という主張は認められない。植民地という言葉は「悪」というイメージを打破できないのだ。

日本では、「豊臣秀吉」は出世の鑑《かがみ》で、「赤穂《あこう》浪士」は忠義者である。豊臣秀吉は陰謀ばかりめぐらしたいやな人間で、浅野《あさの》内匠頭《たくみのかみ》は家臣のために忍耐しなかった「馬鹿殿」とは、決して言わない。

これらは、いずれも日本の社会に現存する「ファイナル・ボキャブラリー」である。ある時代のある社会、あるいは個人にとって、絶対に変えられないと思う言葉と解釈のことである。

かつては「天動説」がファイナル・ボキャブラリーであった。地動説を唱えれば、生命の危険があった。ガリレオは「それでも地球は回っている」と、言うしかなかった。

「拉致《らち》」はまさにファイナル・ボキャブラリーであった。国際関係では、ファイナル・ボキャブラリーが対立すると、国際紛争になる。北朝鮮問題への取り組みと報道は、このファイナル・ボキャブラリーへの挑戦であった。真実の報道には、勇気を必要とした。毎日が妨害との戦いだった。

日朝首脳会談は、「拉致はない」とのファイナル・ボキャブラリーを打ち壊した。拉致を認めさせた。拉致問題は、長い間「拉致疑惑」と表現され報道されてきた。朝鮮総連や北朝鮮を支持する日本人たちが、「北朝鮮による日本人拉致」と断定する報道を、妨害した。

北朝鮮は「拉致はない」と、公式に主張し続けた。それに同調した日本の政治家、ジャーナリスト、専門家たちがいた。

日本の多くのメディアも「北朝鮮による日本人拉致だ」と、断定する報道を避けた。朝鮮総連の圧力に屈した、というしかない。一部のマスコミは、ファイナル・ボキャブラリーを打破すべきメディアの使命を果たさなかった、と批判されてもしかたがない。

拉致の事実が明らかにされた結果、北朝鮮問題に言論と報道の自由がもたらされたのである。日朝首脳会談が、拉致問題の扉を開け「バカの壁」を崩壊させた歴史的成果は、評価できる。

しかし半面、日朝正常化は日米同盟の崩壊を招きかねない、という判断力と展望を欠いていたのだった。北朝鮮問題とは、日米同盟の課題だったのである。その真実を、明らかにしたい。

さらに、本来の軌道に、日本外交を戻せなかった。朝鮮問題に巣食う、旧来のファイナル・ボキャブラリーを、打破できなかった。日朝首脳外交を詳細に検討すると、なお「外交敗北」であった、といわざるをえないのである。

国会対策的手法が「外交敗北」をもたらした

日本の政治家は、国民に言葉を伝えず腹芸や料亭政治、根回し、国会対策で政治を動かした。政治は、国民に見えず、うさんくさいものであった。

小泉首相は、これに挑戦した。「小泉劇場」は、政治の表と裏を国民の前にさらけ出した。これを、昔の密室・派閥政治に戻してはならない。

「抵抗勢力」の一言で、古い利権政治家たちの政治生命が吹き飛んだ。「郵政民営化」で、選挙に圧勝した。政治を変えた武器は、「言葉」とテレビであった。改革者とは、ファイナル・ボキャブラリーを打破する人間である。小泉改革の最終目標は、族議員と官僚体制の打破であった。誰が、そんな無謀なことはできないと思っていた。

官僚体制は、硬直化すると国家を滅ぼす。特権と利権、権限は絶大だ。「官僚」も、日本社会ではなおファイナル・ボキャブラリーなのである。

朝鮮半島や中国の歴史を教訓にすると、「科挙の制度」による官僚体制が、国家を滅ぼした。明治以来続く官僚制に、国民は疑問を感じ始めている。公務員試験に一度受かっただけで、絶大な権限を与え続けるのは民主主義ではない。自由民主主義は、選挙で選ばれた人物以外には権限を与えない制度である。

日本はいまや、科挙の制度による中央集権制と同じ官僚の弊害に、直面している。官僚という言葉には、高級と特権、天下り、腐敗というイメージがつきまとう。システムを変えて、高級官僚には専門家を活用できる政治任命制を採用すべきである。何よりも、次官の人事権を担当大臣に与えるべきだ。各省庁の局長を、車で送り迎えすることはやめるべきだ。米国では、局長の送り迎えはない。財政赤字の責任は、きちんと取ってもらうべきである。

朝鮮半島研究には、「官僚と国家」という永遠のテーマがある。近代の入り口で、なぜ日本だけがいち早く開国し、内戦を避け、近代国家を実現できたのか。これまで、儒教や帝国主義論などの視点から、多くの研究がある。

私は、当時の中国、朝鮮と日本との最大の違いは、官僚制を生んだ中央集権と科挙の制度であった、と考えている。日本に、この二つの制度はなかった。日本には、官僚制がなかった。これが、幸いした。また、貝原益軒《かいばらえきけん》のような儒学者が「儒教は人間のためにある」との新たな理論を作り出した。朝鮮では、「儒教のために人間がある」との考えが支配的であった。今もなお、この伝統は根深い。

朝鮮で、開国や近代化に最も抵抗した勢力は、中央集権化した官僚と儒学者たちであった。儒教の教えが、すべてに優先した。

中国と朝鮮では、科挙の試験に受かった人々が、官僚として登用された。この官僚制度は、政権初期には大変効率がいい。しかし、一度政治と社会が安定すると、たちまち「守旧勢力」と「利権集団」に変わり腐敗する。

日本には、科挙の制度はなかった。また、必ずしも中央集権ではなかった。徳川時代には、各藩による一定の地方自治が存在した。武士道が倫理を支えた。明治になるまで、官僚制度は存在しなかった。このおかげで、世界史の転換点で、国際社会のシステムをいち早く受け入れることができたのである。

官僚体制は、なぜ改革と新たなシステムに抵抗するのか。自分たちのポストと利権を失うからである。たとえポストが失われても、国家と国民の将来のために奉仕しようとの考えはない。これは、小泉改革の中で毎日のように見てきたドラマであった。「省益」を優先し、抵抗したのは官僚たちであった。官僚が、政治家を手先として使った。

そこには、百年後の日本を見通した大局的な視点や思想は、なかった。明治以来の官僚制は、いまや科挙の制度のように、日本を滅ぼす最大の原因になろうとしている。

この「官僚と政治屋」の同盟軍と果敢に戦った小泉首相は、相当に勇気のある政治家であった。利権には、距離を置いていた。だから、国民は支持した。ただ、日本の政治家は国際問題の教養に欠ける。これが、最大の欠点だった。

小泉支持の背景には、国民が自民党的「利権政治」に嫌気がさしている事実がある。国民に隠れて、何か汚いことをするのが「自民党政治」であるとの理解がある。政治に高邁《こうまい》な理念がない。これが、政治家を尊敬しない風土を生んでいる。

そうした過去の政治を、国民の前に引き出し「相当にわかりやすくした」のは、小泉首相の歴史的な功績だ。

わたしはこの本で「小泉外交」を手放しで賞賛しようとしているわけではない。残念ながら、二回に及ぶ日朝首脳外交には、多くの真実がなお隠されている。外交手法にも、問題があった。国際問題としての朝鮮問題への理解は、落第点に近かった。

日朝の正常な関係を妨害し続けたのは、北朝鮮の「工作」と日本の「国会対策的政治家」である。外交に主導権を握らせなかった。

国会対策とは、与党と野党が繰り広げる駆け引きの手法である。国民の目に見えない所で、現金が動き利権がやり取りされる。日本的な政治行動だ。永田町では、国会対策ができなければ一人前の政治家とはみなされない。

この「国会対策的手法」が、日本外交を混乱させ、日本政治の品格と質を落としている。国会対策には、理念も正義もいらないからだ。

政治と外交の目的は、「社会正義」と「国際正義」の実現である。「拉致よりも重要なことがある」と発言する政治家や外交官は、「正義」への使命を放棄したことになる。

国会対策の原因は、通常国会の会期が百五十日に限定されていることにある。短い期間に法案を成立させなければならない。どんな手を使っても、反対派を抑えざるをえなくなる。アメリカの連邦議会のように、通年国会にすれば、国会対策はいまほどの力を持たないだろう。

「国会対策」は、いまもなお永田町のファイナル・ボキャブラリーである。小泉改革が、国会対策的政治家を追放したとはいえ、なおしぶとく生き残っている。

国会対策的手法しか知らない政治家が、「北朝鮮外交」に乗り出した。これが、日本外交を混乱させ、「外交敗北」を招いた最大の原因であった。

国会対策的手法は、長期的な視野よりも、短期的な成果を目指す。その結果、外交ルートよりも、北朝鮮の「実力者」を探し、その人物を動かそうとする。当然、資金や利権が行き交う。しかし、いくら資金を渡し食糧支援をしても、事態は打開されなかった。北朝鮮には、指導者以外の「実力者」は存在しないのである。

この国会対策的手法が、日朝の政府と政府による外交を妨害した。小泉訪朝まで、対日交渉を担当してきたのは工作機関の「統一戦線部」であった。その登場を促したのは、日本の国会対策的政治家たちだ。故金丸信・元副総理であり、自民党の実力者として恐れられた元幹事長であった。この結果、工作が外交に優先した。

日朝両国は、工作機関が介入することで外務省と外務省による外交を捨てたのである。外交を捨てて工作に道を譲ったのは、国会対策的手法にたけた政治家や外交官たちであった。

だが、結果は惨憺《さんたん》たるものであった。

百万トンを超えるコメ支援は取られっぱなしである。このコメは、総額二千億円を超える国民の財産である。国内では、朝鮮総連系の信用組合「朝銀」に一兆円を超える公的資金を出しながら、真の責任者を逮捕しなかった。

法律を犯した朝鮮総連関係者を、徹底して取り締まらなかった。この背後に「国会対策的政治家」が、存在した。これは、朝鮮問題の専門家たちの常識である。

小泉訪朝も、決定の過程では、北朝鮮の秘密警察幹部との交渉がすべてであった。再訪朝には、朝鮮総連の実力者が介入したと、報じられた。ブローカーまがいの人物や裏社会の仲介者までが、官邸周辺で蠢《うごめ》いた。旧態依然の国会対策的外交である。

日朝関係の進展を阻害した最大の原因は、ここにあると私は考えている。外交よりも、工作と国会対策的駆け引きを優先させたからだ。

国会対策的外交の最大の「罪」は、日米同盟を危機に直面させたことである。日米同盟の機能を無視して、国会対策的感覚で日朝正常化を推進しようとした。「独自外交」という陳腐なスローガンが浮かんでは消えた。

そこには、国際政治への深い理解と理念はなかった。熾烈《しれつ》な国際政治を生き抜くための確かな情報も、入手できていなかった。

国会対策的手法は、日本外交を勝利に導く要件を、ぶち壊してきたのだ。これに関わった政治家と外交官の罪は、大きい。

日朝の首脳会談を推進した外交官の最大の罪は、一通の外交記録も残さず、北朝鮮と秘密交渉を行ったことだ——複数の外交官の証言である。彼らには外交記録を残すことで歴史の責任を負っているという自負がある。

北朝鮮は、中央集権的独裁・官僚・秘密警察・軍事・工作・儒教国家である事実を、忘れてはならない。「改革」は至難の業だ。金正日《キム・ジョンイル》総書記も指摘するように、権力にしがみつき、何もせず責任を人に押し付ける官僚主義と権威主義が蔓延《まんえん》している。指導者には、日常的に「いい報告」と「人を非難し、無実の人に責任を押し付ける報告」が、山のように届く。それが、官僚・警察国家で生き抜く智恵なのだ。

そうした工作国家を相手にしている、とのリアリティーが日本の政治家と担当外交官には、極めて希薄であった。これこそが、外交敗北の原因であった。

第1章

米国は日朝首脳会談に反対であった

▒同盟崩壊の危機を招いた首脳会談

「小泉首相が、平壌《ピョンヤン》に行く。今日中に発表する」

二〇〇二年八月三〇日。政府関係の友人からだった。電話の声が興奮していた。

私は、心の中で「まさか、ウソだろう」と声をあげた。本当に、信じられなかったのだ。一瞬、疑問が頭をかすめた。本当なら、拉致問題は全面解決するのか。拉致被害者全員を、北朝鮮は出すのか。

小泉首相は「拉致問題の解決なくして、国交正常化なし」と言い続けてきた。

うかつなことに、私の取材網には日朝首脳会談の情報が、まったく引っかかっていなかった。気がつかなかった自分が、恥ずかしかった。

直ちに何人かの情報通に電話を入れた。

平壌との間を行き来する一人だけが、それらしい動きを耳にしたことがある、と明らかにした。

この人物は、実は知っていたのだ。何らかのかたちで関わっていたのは、間違いなかった。

私は、この人物が数ヵ月前にささやいた言葉を思い出した。

「北で、何か大きなことが起きるかもしれない」

この言葉が、ヒントだったと気がついた。当時は、まさか首脳会談などできるわけがないと思い込んでいた。

「それなら教えてくれてもいいのに。長い付き合いではないか」と思ったが、そうは言えない。

それまでの常識なら、小泉純一郎首相が金正日総書記と会談できるはずがなかった。なぜなら、米国のブッシュ政権は、明らかに北朝鮮の孤立化と崩壊戦略を取っていたし、ブッシュ大統領側近の共和党関係者は、二〇〇〇年の南北首脳会談を苦々しい思いで見ていたのである。

だから、ブッシュ米大統領が、日朝首脳会談をオーケーするはずがない、と思っていた。

ブッシュ大統領は、この年の一月二九日に議会で「一般教書演説（State of the Union Message）」を行い、北朝鮮をイラク、イランと並べ「悪の枢軸」と非難していた。さらに、六月一日の陸軍士官学校の卒業式の演説では、テロ勢力に対する「先制攻撃」ドクトリンを明らかにしていた。北朝鮮を先制攻撃する可能性を、排除していなかった。

それなのに、本当にブッシュ大統領が同意したのだろうか？

「アメリカの了解は取り付けたのか？」

同じような疑問を抱いたのは、私だけではなかった。

外務省高官の中にも、疑問を感じた人たちがいた。だが、〈「（交渉の秘匿と米国への通知が遅れたことは）首相も了承していたことだ」〉（読売新聞二〇〇四年一一月一八日付）との言葉に、押し切られてしまった。

私が、「（日朝首脳会談を）ウソだろう」と思ったのには、理由があった。

小泉純一郎首相が、米国の対北朝鮮政策を知っていたら、日朝首脳会談に踏み切れるはずがなかった。

小泉首相は、ブッシュ大統領の了解を取り付けたのだろうか。

もし了解を取り付けていないのなら、日米同盟への背信行為とアメリカは受け止める。外交的には、極めて危険な行動に踏み出したことになるのだ。この疑問が、「日朝首脳会談の真実」の解明に、私を取り組ませた第一の理由である。

日朝正常化は、日米同盟を揺さぶる問題になる。この真実に、小泉首相は気づいていなかった。

さらに、日朝の高官や当局者が語る「ウソ」に、私は我慢できなかった。どこの国にも、平気でウソをつく高官たちがいる。私の「愛国心」と、ジャーナリストとしての「正義感」が、これに反発した。

北朝鮮問題の解明には、平壌とワシントン、東京での情報入手と取材が不可欠だ。私は、新聞記者時代に培った多くの取材源の助けを得て、真実を描き出すことにした。公表された資料や報道から隠された真実を掘り起こし、それを解明する手法を取った。

ブッシュ政権の北朝鮮政策とは、何か

ブッシュ大統領は、大統領選挙戦の最中に、クリントン政権が、一九九四年にまとめた北朝鮮と

の「枠組み合意（ジュネーブ合意）」政策を非難していた。核開発の放棄に褒美を与え、なお核開発のチャンスを残してしまった。それなら、開発途上国は核開発をした方が得だということになる、というのがその理由であった。

クリントン政権は、一九九三年春から米朝直接交渉を開始した。交渉は、一九九四年一〇月にスイスのジュネーブで合意に達した。北朝鮮は核開発放棄を約束した。代わりに、軽水炉の原子力発電所二基を、供与することになった。

原子力発電所が建設されている期間は、実験用原子炉や核燃料再処理施設などが凍結された。発電所完成後の凍結施設の破棄が、約束された。だが、査察の明確な時期は示されなかった。軍事施設への言及はなかった。この合意の曖昧《あいまい》さが、あとで問題を引き起こした。

また、①軽水炉は米韓のどちらが供給するのか②北朝鮮は建設の労働力を負担するか③完成後の送電線はどちらが負担するか——については、明記されていなかった。それが、その後の対立の火種になった。

最大の問題は、核査察であった。ジュネーブ合意は、北朝鮮の核施設への完全な査察を先送りした文書であった。ただ、軽水炉の主要部分が搬入されるまでには、北朝鮮は核査察を受ける義務があった。

この査察について、話し合いをすべき時期を迎えていた。ところが、査察を受け入れる様子はなかった。このため、ブッシュ政権は北朝鮮への不信をつのらせていた。米国は、北朝鮮の外交戦術に翻弄《ほんろう》されていた。ブッシュ政権は、北朝鮮にもてあそばれないために、直接交渉はしないという方針を固めていた。

北朝鮮は、どのように米国を翻弄したのか。

例えば、ジュネーブ合意の署名直前に、北朝鮮はお決まりの外交戦術を展開した。核施設凍結に関連して、したたかな要求を突きつけたのである。

交渉が合意に達したとたん、新たな条件を持ち出したのだった。これは、北朝鮮特有の「おまけ」を要求する交渉術である。

交渉に基本合意すると、相手は決裂を恐れる。その心理を利用し、合意直後に追加の「おまけ」を要求する。相手は、拒否すると話が壊れると思い、「おまけ」に応じざるをえなくなる。

北朝鮮は、こう要求した。

「実験用原子炉と建設中の大型炉を凍結すると、発電できなくなる。供与される原子力発電所が完成するまで、十年かかる。この間のエネルギーを保障してほしい。電力用の重油が必要だ」

これは、ウソなのだ。実験用原子炉に発電設備はない。送電線もない。発電なんかしていなかった。ところが、クリントン政権は対応してしまった。

「いくら必要なのか」

「年間五十万トンのC重油」

単に「重油」といわずに、なぜ「C重油」と指定したかを疑うべきであった。北朝鮮の主張や要

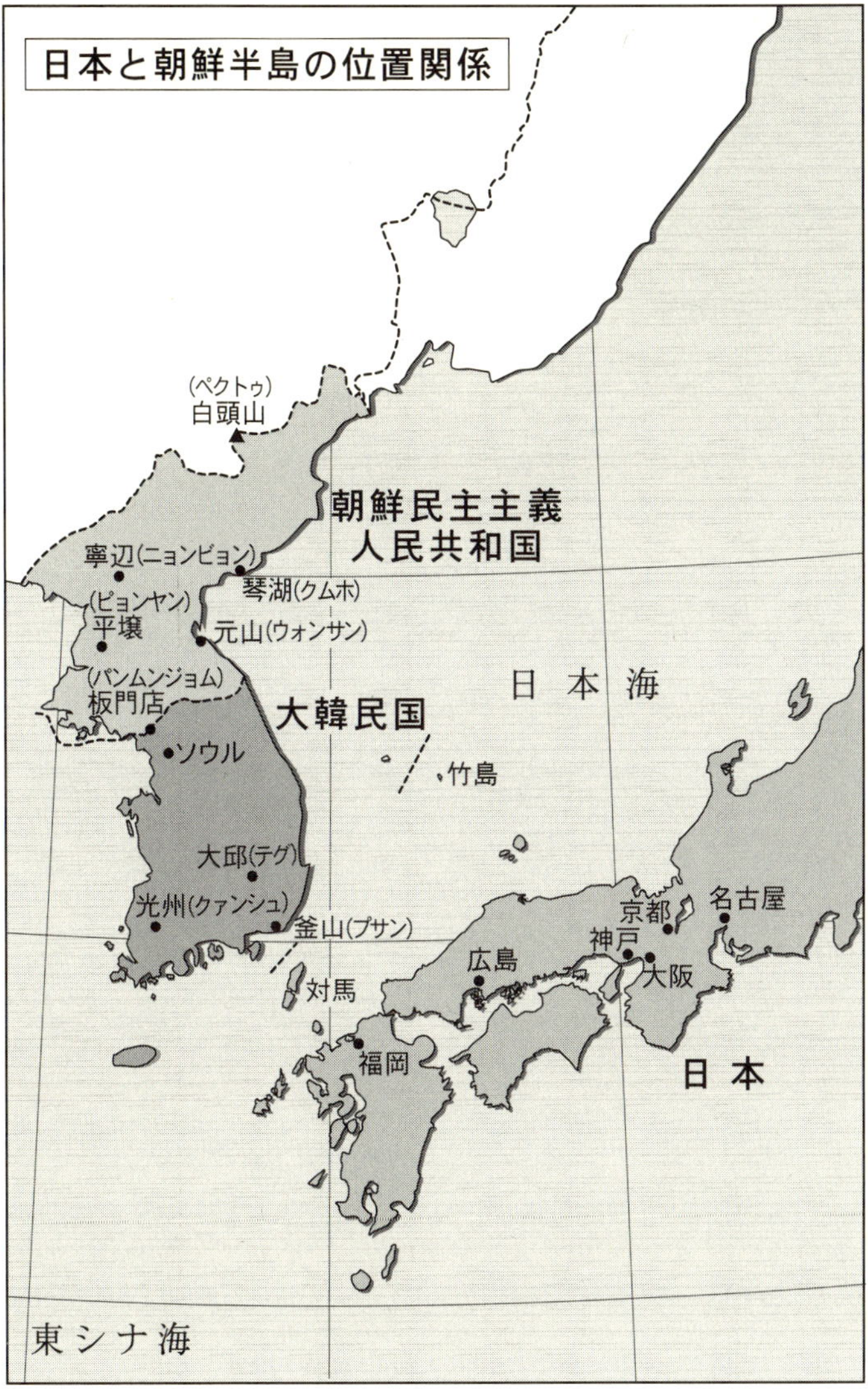
日本と朝鮮半島の位置関係
(ペクトゥ)
白頭山
朝鮮民主主義
人民共和国
寧辺(ニョンビョン)
琴湖(クムホ)
(ピョンヤン)
平壌
元山(ウォンサン)
(パンムンジョム)
板門店
大韓民国
ソウル
日本海
竹島
大邱(テグ)
光州(クァンシュ)
釜山(プサン)
対馬
福岡
広島
京都
神戸
大阪
名古屋
日本
東シナ海

求には、必ず裏がある。検討したうえで回答すべきなのに、米国は直ちに応じてしまった。事実上の「外交敗北」である。

C重油は、船舶や発電所の燃料として使われる。発電用の燃料に使うなら、環境問題のない北朝鮮では、質の良い方のC重油はいらない。この事実に、米国の交渉者たちは気がつかなかった。米国は、すでに交渉がまとまりかけていたので、直ちに「承諾」した。五十万トンは、米国の消費量四億トンに比べれば、極めて少ない数量と思われた。

これが、後に米国にとって大きな負担になった。北朝鮮を延命させる要素になるとは、この時は誰も思わなかった。重油代金は、原油の高騰とともに値上がりした。最後は、年間一億ドル（約百十億円）を超えるほどに、膨れあがった。米議会から批判の声があがった。

クリントン政権は、重大な事実に気づいていなかった。「五十万トンのC重油」は、北朝鮮の年間輸入量にほぼ匹敵する数量であった。北朝鮮は、一九九一年頃はおよそ百万トンの原油を輸入していたが、資金不足から九四年には約六十万トンに減少していた。

それを、ただで供給することにしてしまったのである。しかも、北朝鮮が要求した「スペック（品質基準）」通りのC重油が、与えられた。北朝鮮が要求した「品質」は、重油といっても少し加工すれば、軍事用に使える製品であった。実際に供与する段階になって気がついたが、遅かった。後の祭りである。誰もが問題になるのを恐れ、この事実を隠し続けた。

目に演説する。このために、ニューヨークに滞在する。

国連総会での演説は、まず元首級から行われる。その次が首相級、外相級と、地位によって決められる。国連総会開幕直後の、最初の演説は午前一〇時過ぎだ。誰も注目しない時間だ。各国の指導者は、注目を集める時間に演説をしたい。誰もが、最初の演説をいやがった。

それを買って出たのが、ブラジルだった。この結果、ブラジル大統領が最初に演説する慣例になった。国連に便宜を供与するアメリカの大統領は、ブラジルの後に演説する。

各国の首脳は、国連総会演説のためにニューヨーク入りするのを利用して、首脳外交を行う。首脳会談は、各国の首脳の宿舎になっているホテルで行われる。

日米首脳会談では、超一級のウォルドーフ・アストリア・ホテルやインターコンチネンタル・ホテルなどが、よく使われた。

ブッシュは日朝正常化に反対した

小泉首相は、ブッシュ大統領に日朝首脳会談について説明した。評価してもらえる、との期待もあったはずだ。

ところが、大統領の口からは、予想外に厳しい言葉が出た。

「平壌に行くべきではないと思う。だが、日本の政治的事情や懸案のため、首相が日朝首脳会談実現に努力されたのは理解する。しかし、金正日は国民を飢餓状態に置きながら、核開発やテロ組織支援をしている。指導者としての資格はない。気を許してはならない」

さらに、ブッシュ大統領は続けた。

「平壌訪問の努力は歓迎するが、日朝正常化は米国と相談してほしい。核開発を放棄しないのに、日本が経済協力資金を与えてはならない。日本の資金は、核開発に回されることになる。北朝鮮が核開発を完全に放棄するまでは、正常化は困る。日米の足並みを乱してはならない。北朝鮮は、なお密かに核開発を進めている」

ブッシュ大統領のこの厳しい口調は、小泉首相には想定外だったようだ。明らかに、大統領は憂慮の感情を隠さなかった。小泉首相は、ブッシュ大統領の意向を瞬時に理解した。

小泉首相は「核問題が解決しない限り、日朝が国交正常化することはない」と、述べたという（『外交を喧嘩にした男』読売新聞政治部著、新潮社）。果たして、小泉首相がこう言ったかは疑問である。「日本は、正常化しない」と言ったのならわかるが、いくらなんでも「日朝が正常化することはない」とは言わないはずだ。

この会談についての日米の報道やホワイトハウスの文書を見る限り、ブッシュ大統領は「日朝首脳会談を支持する」とは明言していない。「訪朝を歓迎する」と表現するにとどめた。「首脳会談支持」と「訪朝歓迎」では、天と地の差がある。

「首脳会談支持」は、首脳会談で話し合われる日朝正常化まで支持する、という意味になる。「訪

2002年９月12日、訪朝を前にして行われた日米首脳会談。ブッシュ米大統領は小泉首相の日朝国交正常化案に対し、難色を示した。

朝歓迎」は、北朝鮮に行くのはいいが首脳会談とその合意は支持しない、との意味になる。つまり「北朝鮮に行ってくるのはいいが、米国に相談なしに正常化など勝手な合意をしないでほしい」というのが、「訪朝歓迎」の外交的意味であった。

米国は日朝首脳会談を「支持」してはいなかった。この米国の立場を、外務省は小泉首相に事前に説明していなかったのではないか。そう判断せざるを得ない理由がある。日朝正常化を急いだ外務省は、核抜き、拉致棚上げでの正常化を進めようとしていた。そう判断しても間違いない、と思える事実がある。

〈「事前に（情報が米国に）漏れれば、（米政府によって）つぶれる」と判断していたからだ〉（読売新聞二〇〇四年一一月一八日付）。だが、小泉首相が、訪朝についてブッシュ大統領に個人的にメッセージを伝えていれば、理解されていたはずだ。日本国内の政治状況と拉致問題の重要さを、アメリカは知っていたからだ。日米首脳同士の良好な個人関係のおかげで、ニューヨークでの首脳会談にはとげとげしさはなかった。ジョージ（ブッシュ）とジュンイチロー（小泉）の信頼関係がなかったら、日米同盟は危機的な状況に直面しただろう。

米国務省や国防総省の首脳陣は、日朝首脳会談に怒りを抑えながらも強い不満を抱いていた。この事実は、日本には伝えられなかった。

ライス大統領補佐官（当時）は「大統領が納得されているのだから、大統領には考えがあるのだろう」と、国務省や国防総省の高官たちを説得した。この表現は、米政府内での不安と不満の存在を認めている。彼らを懸命になだめたことが読み取れる。

大統領が、小泉首相に「絶対反対」の厳しい姿勢を示さなかったのには、理由がある。大統領は、この当時からイラク攻撃を考えていたのだ。

イラク攻撃の時には、日本の協力が必要になる。「日米同盟」の維持が不可欠であった。そのためには、小泉首相に貸しを作っておく必要があった。日米同盟を活用しなければならなかったのである。

だから、「日米同盟」を損なわない範囲内で、日朝首脳会談には理解を示した。しかし、国交正常化には米国との十分な協議を求めた。

ブッシュ大統領は、国務省や国防総省の不満を知っていた。それでも、小泉首相の面子《メンツ》を立て、平壌行きに反対はしなかった。ただ、「正常化」にだけは、厳しくクギをさしたのだ。

ニューヨークでの日米首脳会談までは、小泉首相は日朝正常化は実現できると考えていた。日朝首脳会談に続いて正常化にこぎつけ、米朝首脳の橋渡しをする。そうすれば、核問題を解決できると、期待していたのではないか。その甘い期待は、ブッシュ大統領の発言ですべて消えた。

何よりも、北朝鮮に約束してしまった日朝正常化をどうすべきか。小泉首相は悩んだはずだ。

北朝鮮高官の証言では「二〇〇三年一月一日から国交正常化する」との日本側の覚書を、北朝鮮の交渉責任者であるミスターXは入手していた。ミスターXが誰であるかについてと、彼が日朝交渉に乗り出した経緯については、第4章で詳しく説明するつもりだ。

この他にも、数通の覚書を日本側から受け取ったと、ミスターXは証言しているという。まず、間違いないだろう。その中には、「正常化後の経済協力資金の金額」も書き込まれてあったという。

これも、間違いないだろうと私は考えている。そうでなければ、金正日総書記が日朝首脳会談に応じるはずがないのだから。

ただ、問題はこの「覚書」は勝手に書かれたのか、小泉首相の許可を得て作成されたのかである。常識的には、小泉首相の承諾なしには書けないはずの文書である。こうした文書の存在のため、後になって北朝鮮側は一人の日本外交官を「ウソつき」とののしることになる。

小泉首相は、日米首脳会談を終えると、直ちに東京に電話した。相手は、金正日総書記にメッセージを伝えられる人物である。日本人であった。在日朝鮮人ではない。この人物は、すでに三日前に金正日総書記からの「拉致被害者全員の安否情報を出します」とのメッセージを、小泉首相に伝えていた。

東京は、九月一三日の朝だった。日朝首脳会談の四日前である。小泉首相は、ブッシュ大統領との会談を終えたにもかかわらず、かなり気落ちしていた。受話器の向こうの首相の声は、沈んでいるように思えた。

「核問題で北朝鮮が譲歩してくれないと、日朝正常化は難しい。核問題の解決を約束してくれるよう、伝えて頂きたい。私は、文字通り裸でパンツ一枚で平壌に乗り込む。生かすも殺すも、金正日国防委員長の手に握られている。成功は、委員長の対応いかんである、とそのまま伝えてほしい。ブッシュ大統領の考えと首脳会談でのお話も説明する」

実は、私はこの原稿で「パンツ一枚」と書こうかどうしようか、迷った。本当は、「パンツ一枚」とは言ってないのだ。

小泉首相の言葉は、余りにも率直な表現だった。

小泉首相らしい直接的な表現で「フンドシ一枚で行く」と言ったのだった。北朝鮮側の通訳は、「フンドシの翻訳には困った」と証言している。

ブッシュ大統領の懸念は、米国の北朝鮮政策を知っていたら当然予測できたはずだった。外務省が知らなかったら、職務怠慢である。小泉首相が知らなかったとすれば、外務省が説明しなかったことになる。

実は、日本は十二年前の一九九〇年にも、同じ同盟の危機に直面していた。ブッシュ大統領の父親が大統領であった当時、米国にしかられ、非難された日本の大物政治家がいた。その後、政治生命を失ったが、この政治家こそ、自民党のドンとまで言われた、金丸信・元副総理である。

小泉首相は、金丸訪朝団の失敗を教訓にすべきであった。それを知っていたら、ブッシュ大統領にしかられることはなかった。核問題の全面解決を、金正日総書記に求めていただろう。

ただ、厳しい要求をすれば北朝鮮は首脳会談に応じない、との憂慮が日本側にはあった。その思いのためか、もう一歩踏み出す勇気に欠けた。その勇気と決断力があれば、事態は大きく前進していたのである。

北朝鮮が、核査察の受け入れを明言すれば、日朝正常化に進める可能性はあった。だが、それを日本は要求しなかった。あと一歩踏み出す覇気も、なかった。

日朝首脳会談に至る経過をみると、「拉致問題」が「前進（解決ではない）」すれば「日朝正常化」に突き進める、と考えていたとしか思えない。それも、数人の生存者を北朝鮮が出せば、国交正常化するつもりだったのではないか。

日本側のこの見通しは、甘すぎた。拉致問題と核問題が「解決」しないと、国交正常化はできない。「前進」では、だめなのだ。何より日本国民が、納得しない。

アジア大洋州局長には、核問題は米朝間の問題で、日朝間の問題ではない、との思いがあったはずだ。同じ考えを、私は一九九〇年に、当時のアジア局長から聞いたことがある。だから、この思いはよくわかる。

安倍晋三官房副長官（当時）は、訪朝直前に担当局長が語った次の言葉をいまでも覚えている。日米関係を危惧したからだ。

「一挙に交渉を進め、国交正常化を実現したい」

この言葉は、拉致の全面解決と核問題を棚上げして、国交正常化するつもりであったことを、正直に告白している。安倍の頭に不安がよぎった。

「米国とは、きちんと協議したのだろうか」

もし、米国にきちんとそのことを通告し、相談していないのであれば、米国は裏切られたと考えるはずだ。

同じ疑問を、外務省の条約局長も抱いた。条約局長は、かみついた。

「こんな大事な外交文書（平壌宣言）を、担当の条約局長に相談もせずに作るのはおかしいのではないか。誰が責任を取るのか」

「米国には連絡したのか」と質問すると、

〈田中（アジア大洋州局長）は否定した〉（読売新聞二〇〇四年一一月一八日付）。

米国に連絡していなかったのである。日米同盟への裏切りであった。

この事実は「日米同盟」への考慮なしに、「日朝国交正常化」の正面突破を図ろうとしていたことを物語っている。「日米同盟」が損なわれてもいいと、覚悟していたのだろうか。

それでは、米国は怒る。核問題を棚上げにして、日朝正常化が実現すれば、日米同盟は崩壊する。同盟の最大の要素である「共通の敵」と「共通の価値観」が失われるからだ。

当時は、北朝鮮が核査察を拒否し続けていた時期であった。米国と北朝鮮は、一九九四年の「ジュネーブ合意」で、軽水炉の主要部分を搬入する前に「核査察」を受け入れることで合意していた。ところが、北朝鮮は核査察をなかなか受け入れなかった。

十二年前に、自民党の金丸信・元副総理は、核問題を棚上げしての日朝正常化を目指した。そして、政治生命を失った。米国が金丸氏への不信と批判をあらわにしたからである。米国の怒りに驚いた当時のアジア局長は、説明のためにワシントンに飛んだ。

このアジア局長は、私がソウル特派員時代からの旧知の人物であった。私は当時、毎日新聞のワシントン特派員だった。ホテルに、彼を訪ねた。彼は「核問題は米国と北朝鮮の問題ではないか」と語った。

私は、それは余りにも日米同盟の意味を無視した考え方だ、と指摘した。北朝鮮の核は「日米同盟」の問題なのだ。北朝鮮の核は、日本には届くが米国には届かない。米国からすれば、本来は日本が真剣に取り組む問題ということになる。

北朝鮮は、核問題は米国としか交渉しない、と明言している。だが、それは北朝鮮の立場と戦略に過ぎない。日本が、北朝鮮の戦略に協力してはいけないのだ。

日本の経済協力は、間違いなく北朝鮮の核開発を促進する。経済協力を手に入れれば、北朝鮮は核開発を放棄しない。これを、米国は問題にしたのである。

日朝首脳会談が実現できたのは、「首脳会談だけでは日米同盟は揺るがない」とブッシュ大統領が判断したからだ。しかし、日本が正常化に踏み切れば、「日米同盟は危機に直面する」と米国は考えていた。同盟を維持する重大な要素を失うからである。

この判断基準が、日朝正常化を推進した外務官僚にはなかった。こう考えるのは、私だけではない。米国との事前の協議なしに、日朝正常化が可能だと考えたのなら、日本の運命を担う外交官としては未熟である。

日朝首脳会談と正常化交渉は、「日本の独自外交」ともてはやされた。担当局長も、この言葉に酔ったのではないか。日本の繁栄と安全は、日米同盟なしには当面は不可能である。好むと好まざるとにかかわらず、このリアリティーを忘れると、日本外交は敗北するしかない。

■アーミテージとボルトンの怒り

日朝首脳会談の発表は、ワシントンを揺るがせた。国務省の高官は、外務省の関係者に、批判の矛先を向けた。日朝首脳会談を米国に教えず、直前まで隠し通したからだ。とりわけ、核問題担当のボルトン国務次官の怒りは激しかった。

ボルトン次官は、二〇〇二年八月末に、東京にいた。小泉首相が、日朝首脳会談を通告する一日前であった。「第四回日米軍備管理・軍縮・不拡散・検証委員会」に出席するため、訪日していたのだ。

会議と記者会見の合間を縫って、外務省幹部と会談し、北朝鮮のミサイル開発と核開発再開の危険性について、警告した。

この時、米国はすでに北朝鮮のウラン濃縮計画を確認していた。ボルトン次官も報告を受けていた。彼は、八月二六日に東京で行われた記者会見で、次のように答えている。

「ブッシュ政権は、北朝鮮がジュネーブ合意を遵守していない、とは言っていない。遵守していると確認できないと言っているだけだ。……北朝鮮の特別な核技術へのコネクションを憂慮している」

この発言は、北朝鮮の「濃縮ウランでの核開発疑惑」を、明確に示唆していた。ボルトン次官は、外務省に具体的に注意を促したのだ。

ところが、一部の外務省高官たちはこの警告を無視した。日朝正常化に踏み切ろうとした、とボルトン次官は受け止めた。日朝首脳会談を公表する直前だけに、米国に妨害させまいと警戒していた。その姑息《こそく》さが、ボルトン次官の感情を損なった。

ボルトン次官は、日朝首脳会談についてはまったく知らされずに、ソウルを経由してワシントンに帰任した。彼は、だまし討ちにあった気分だった。彼は、国務省とホワイトハウスの高官たちに、次のように怒りをぶちまけた。

「担当局長は許せない。北朝鮮の手口に乗せられている。日米同盟を崩壊させようとしている。北朝鮮の核拡散に目をつぶっている」

ボルトン次官の発言で、アジア大洋州局長は、米国が最も信頼しない外交官との烙印《らくいん》を押された。何よりも日朝首脳会談について米側に事前に示唆することもなかった。この態度に、ボルトン次官は怒りまくっていた。

実は、外務省に面子をつぶされたと感じたブッシュ政権高官は、ボルトン次官だけではなかった。

アーミテージ国務副長官と、ジム・ケリー国務次官補（東アジア・大洋州担当）も同じ感情を抱いた。二人もまた、東京にいた。国務次官補は、日本外務省の局長にあたる役職だ。

アーミテージ副長官は、ワシントンでは自他共に認める親日家である。アジア人への蔑視感情の溢れるワシントンで、アジアに好意を寄せる数少ない米政府高官であった。日本の新聞記者を、いつでも気さくに相手にしてくれた。ワシントンで日本の新聞記者を、まともに相手にしてくれる米政府高官は、極めて少ない。

日米関係が緊張し、ワシントンの空気が中国に傾いても、アーミテージ副長官は日本の味方だった。「日本はアメリカにとって、最も大切な国である」と説きつづけた。

アーミテージ副長官は八月二七日、ベーカー駐日米大使と共に首相官邸を訪れた。この席で、小泉首相は九月一七日に平壌で日朝首脳会談を行う、と伝えた。文字通り驚天動地の通告である。アーミテージ副長官にとっては、責任を問われかねない問題であった。最大の親日家としては、面子丸つぶれである。

アーミテージ副長官は、首相官邸から一〇分とかからない駐日米大使館に飛んで帰った。ワシントンのパウエル国務長官に、至急の電話を入れた。パウエル国務長官は、「大統領にすぐ連絡する」と述べ、日本への失望を口にした。

この日の夜、アーミテージ副長官とケリー国務次官補は、密かに福田康夫官房長官と会った。平壌から帰国したばかりのアジア大洋州局長が、同席した。アーミテージ副長官とケリー国務次官補は、なかなか口を開こうとしなかった。二人とも、激しい怒りの感情を押し殺していた。

日本側には、その怒りの激しさは、わからなかったようだ。アーミテージ副長官とケリー国務次官補の二人は、解任を覚悟していた。米国への早い段階での連絡を指示しなかった責任者だと二人は思っていた。なぜ「米国の顔をつぶさないように」と、考えなかったのか。二人には理解できなかった。

アーミテージ副長官は、日本の対応が我慢ならなかった。親日派といわれている自分に、恥をかかせた。自分を大切に思ってはいない、と感じた。

日本側がアーミテージ副長官を友人として大切に思うなら、直前になって彼に「訪朝」を伝えるのは、失礼だ。ワシントンでは「アーミテージは、日本通だといわれるが情報一つ取れなかった」と非難される。いい面の皮である。

さらに、アーミテージ副長官をワシントンへの「伝達役」に選んだのも、失礼だ。最もいやな役回りを、アーミテージ副長官に押し付けた。「親日家」の彼を甘く見て利用した、としか思えない。アーミテージ副長官なら怒らないだろう、と踏んだのだ。彼は、辞職の腹を固めていた。日本人のおかげで辞職させられる、とは考えたこともなかった。

翌日の朝、パウエル国務長官から電話がきた。日本に裏切られたとの感情が、電話の向こうから伝わってきた。

「大統領には一応了解していただいた。不快ではある。米国は、日朝首脳会談を、支持はしない。努力を歓迎することにする。君の責任問題ではない」

アーミテージ副長官は、かろうじて救われた。それほどの、大問題だった。「不快だ」という言葉が、ワシントンの怒りを十分に伝えていた。

アーミテージ副長官は、自分が最も信頼する同盟国に裏切られた感情を、抑え切れなかった。彼は、外務省首脳に明確に伝えた。

「核問題が解決しないのに、正常化はしないでほしい。交渉は慎重に進めるべきだ。日米は、同盟国ではないのか。今後は、事前にきちんと連絡してほしい」

言葉は柔らかいが、怒りの感情と不快感がこもっていた。「同盟国」という言葉に、「日朝正常化は、絶対認めない」との強い意志が込められていた。

「誰が、意図的にアメリカを騙《だま》したのか」

アーミテージ副長官とケリー国務次官補、ボルトン次官には、わかっていた。こんなにも自分たちへの友情に欠け、米国にウソをつこうとする日本の政治家と外交官に出会ったのは、初めてであった。

実は、日本の外交官の一部には、米国の外交官を小バカにする人たちがいる。米政府高官は、政権が交代すると職を失う。日本の政府高官は、政権が変わっても辞任させられることはない。この地位の安定が、時として日本の外交官を「傲慢《ごうまん》」にする。米国務省の高官に「君らは、どうせ四年もすれば、交代するだろう」といった態度を取るのだ。

また、ワシントンの駐米日本大使館の若い外交官の中には、国務省の日本担当の外交官を軽くあしらう人たちもいる。自分たちは、日本外務省の「主流」だが、国務省の日本専門家たちは出世にはずれた「傍流」ではないか、との思いが見え隠れする。

こうした双方の外交官の複雑な思いも、国務省高官の怒りの背後にはあった。

それでも、小泉首相の変わり身は、早かった。この変わり身の早さが、日米関係を救った。ニューヨークでのブッシュ大統領の発言で、すべてを悟ったのだ。

「核問題が解決しない限り、国交正常化はできない」

小泉首相は、日米同盟が危機に直面する直前に、崖っぷちからUターンした。日朝首脳会談は二度にわたり行われたが、正常化には踏み切らなかった。小泉首相の持って生まれた「政治的カン」と、決断力の早さがそうさせた。

小泉首相は、その後もブッシュ大統領に信頼された。一方、アジア大洋州局長らは、ブッシュ政権の信頼を完全に失った。それを分けたのは、「日米同盟」への理解とコミットメントであった。アメリカは、日米同盟を危うくする人物を、決して許さないのである。

こうしたブッシュ大統領の基本姿勢は、小泉訪朝の一年以上も前に、韓国の金大中大統領への対応で明確に示されていた。外務省と官邸は、その教訓を学んでいなかったのだろうか。

ブッシュ・金大中会談の教訓

ニューヨークでの日米首脳会談の一年以上も前、韓国の金大中大統領は小泉首相を押しのけ、ワシントン入りした。就任したばかりのブッシュ大統領との会談を、小泉首相より先に実現させた。就任直後の米大統領が、日本の首相よりも先に韓国の大統領に会ったのは、初めてだった。それほど、金大中大統領は米韓首脳会談を急いでいた。

金大中大統領が、ワシントン入りを急いだのには、理由があった。ブッシュ大統領は、大統領選挙を通じクリントン政権の北朝鮮外交を批判していた。また、韓国の金大中大統領にも、厳しい目を向けていた。

2000年6月13日、南北首脳会談が行われ、これによって金大中大統領はノーベル平和賞を受けた。が、退任後、北朝鮮に5億ドルの供与を行っていたことが発覚、大問題となった。

ブッシュ大統領の支持基盤である共和党保守派は、南北首脳会談直後の金大中大統領の発言に怒っていた。

金大中大統領は、南北首脳会談を終えてソウルに戻った際に、「在韓米軍を国連平和維持軍に変える」と明らかにした。米国には、まったく相談がなかった。「国連平和維持軍」は、中立が原則である。ということは、アメリカに中立であれと要求したことになる。米国が中立になれば、米韓同盟は終わりである。韓国が攻撃されても、防衛する義務がなくなるからだ。

金大中大統領の発言は、在韓米軍撤退を求める北朝鮮の立場に、配慮した構想であった。在韓米軍を撤退させるのは、難しい。それなら、「平和維持軍にすれば北も満足する」と、簡単に考えたのだ。

この構想を、金大中大統領は金正日総書記に、提案していた。だが、アメリカには事前の相談はなかった。

「中立化」は、「米韓同盟」の崩壊を意味する。アメリカ政府は、この発言に怒った。金大中大統領への不信感を露《あらわ》にした。

ワシントンでは「金大中大統領は、米韓同盟の破棄を考えている」との解釈が、いっきょに広がった。「米韓同盟よりも北朝鮮を選択するつもりだ」との意見が、ワシントンの専門家の間では主流となった。この発言を受け、米国防総省は密かに「在韓米軍の駐留は必要か」との検討に入った。

ワシントンでは、金大中大統領を「左翼」と呼ぶ人たちが増えた。

金大中大統領は就任早々のブッシュ大統領と会談し、関係修復を図らざるをえなくなった。金大中大統領にとっては、もう一つ頭の痛い問題があった。金大中政権には、共和党の主要閣僚や大物政治家と信頼関係を保つ政治家が、一人もいなかった。韓国の革新系政治家たちは、米民主党に頼ってきたからだ。

韓国の政治家の中で、共和党の要人や連邦議員に最も信頼されたのは、金泳三《キム・ヨンサム》前大統領に登用された韓昇洙《ハン・スンス》元駐米大使しかいなかった。金大中大統領は、米韓関係改善のために、ハン・スンス氏を外相に起用せざるを得なくなった。

金大中大統領は、二〇〇一年三月七日にホワイトハウスで、ブッシュ大統領との会談に臨んだ。

この首脳会談の冒頭での次のやり取りで、二人の関係は最悪のものになった。

金大中大統領が、南北首脳会談で金正日総書記に会ったことを、歴史的な出来事として触れた。するとブッシュ大統領が聞き返した。

「金正日をどう思うか？」

金大中大統領は、待っていましたとばかりに、勢い込んで話しはじめた。

「直接会ってみると、立派な指導者だった。理解が早く、合理的な判断力を持っている。ブッシュ大統領も、直接会われてはいかがだろうか。金正日総書記も、そう望んでいる」

この発言に、ブッシュ大統領は極めて不快な表情を見せ、こう断言した。

「あんな悪い指導者はいない。国民を飢餓に苦しめながら、核開発やミサイル開発をする人物に、指導者の資格はない」

首脳会談は、たちまち冷たい白けた雰囲気に包まれた。会談は予定時間より早く終了した。予定された共同記者会見は、キャンセルされた。これ以後、米韓首脳の関係が回復することはなかった。ブッシュ大統領は、金大中大統領の発言から「米韓同盟の終わり」を感じたのである。

この事実は、ワシントンの外交街にたちまち知れ渡った。それだけに、日朝首脳会談をブッシュ大統領が決して歓迎しないことを、外務省の高官が知らないわけはなかった。わかっていなかったのなら、外交官の資格を疑われる。

この韓国大統領のエピソードには、後日談がある。

二〇〇二年末の大統領選挙で当選した盧武鉉大統領の支持基盤は、反米運動だった。このため、ブッシュ政権から「左翼」の烙印を押された。その「誤解」を何とか解こうと、盧武鉉大統領は二〇〇三年にワシントンを訪問した。

在米韓国企業の経営者が、金大中大統領の失敗を教訓に、次のようにアドバイスした。

「ブッシュ大統領は、会談の最初に必ず『金正日をどう思うか』と聞きます。そうしたら『あんな悪い指導者はいない』と、答えてください」

米韓首脳会談で、韓国側の予想通りブッシュ大統領は聞いてきた。

「金正日をどう思うか」

盧武鉉大統領は、待っていましたとばかりに語った。

「あんな悪い指導者はいない。国民を飢餓に追いやりながら、核開発やミサイル開発に金を使っている」

これを聞いたブッシュ大統領は、大変喜んで上機嫌だった。予定になかった共同記者会見まで行い、盧武鉉大統領を「私の友人」とまで呼んだ。

ところが、その後の盧武鉉大統領の対北政策は、この時の発言とはまったく異なるものであった。北朝鮮への支援を積極的に進めた。このため、ホワイトハウスは盧武鉉大統領を信用しなくなった。ブッシュ大統領にとって、盧武鉉大統領は最も会いたくない指導者の一人になった、とホワイトハウス関係者は証言している。

日本の特派員たちが、このブッシュ大統領の姿勢を理解していたら、「日朝首脳会談を米国も支持」との記事は、書けなかったはずである。知らなかったのだ。

米政府は「首脳会談支持」を表明しなかった

日朝首脳会談の発表に、米国務省とホワイトハウスは、不快の立場を明らかにした。ところが、日本のマスコミはこれをきちんと報道しなかった。

国務省とホワイトハウスでは、毎日昼に定例の記者会見が行われる。この会見のために、ホワイトハウスと国務省は朝の七時頃から、回答の準備をする。

私はワシントン特派員時代に、国務省のリチャード・バウチャー副報道官（当時）から定例会見の準備について、次のような説明を聞いたことがある。

国務省の報道官は、午前六時過ぎには報道官室に入り、スタッフとの会議を行う。その日の新聞記事や報道から、外交問題への予想される質問を検討する。予想される質問について、各部署の報道担当官に連絡し、回答を準備させる。回答が送られてくると、ホワイトハウスや国防総省の報道官に送り、問題点を検討する。午前一〇時前には、回答がまとめられる。

米政府報道官の回答は、質問に即席で答えているわけではない。発言のひとことひとことが、世界を動かすだけに、慎重に計算された言葉を選ぶ。担当者や専門家が、検討を重ね外交的な表現を作り上げるのだ。

バウチャー副報道官は、中国問題の専門家である。中国での勤務経験もあり、中国語は堪能だ。そのためか、アジアへの差別や偏見をまったく感じさせなかった。日本人記者が昼食に誘うと、時間の許す限り応じてくれた。

バウチャー副報道官には、助けられたことがあった。

湾岸戦争勃発後の土曜日（一九九一年一月二六日）、ベーカー国務長官が国務省の玄関で、駐米サウジアラビア大使と、予定外の記者会見を行った。「日本が拠出した九十億ドルは何に使われるのか」との質問が出た。

ベーカー長官は「ユナイテッド・ステーツ・コスツ（United States costs）」と、答えた。これは「米国の経費」という意味である。この発言を、一部の日本メディアが「アメリカの軍事費に使う」と、大々的に報じた。これは、解釈で原稿を作るやり方で、国際問題では危険な報道である。相手が言ってもいないことを、勝手に解釈し、断定してしまうのは誤報に近い。こうした記事を書くのなら、ベーカー長官に「軍事費の意味か」と聞くか、報道官に意味を確認し、コメントを取るべきである。それを、しなかった。

私は、「米国の経費」だし、ベーカー長官は「軍事費には使えない」との日本の事情を十分に知っているはずだから、と原稿を送らなかった。

ところが、翌週から東京では大変な騒ぎになっていた。当然私は、社内で「トク落ち（他社にトクダネを取られること）」と非難されていたはずだ。

外信部長が、心配そうな声で電話してきた。

「なぜ、記事を書かないのか」

「ベーカーは、米国の経費と答えたのだから、軍事費とは言っていない」

「それなら、そういう記事を書いてくれ」

とりあえず、報道官に確認することにした。

バウチャー副報道官の自宅に電話を入れた。

「ご存知だろうが、ベーカー長官の発言が東京で大問題になっている。『United States costs』は、軍事費の意味か」

「いや違う。米国の『Logistics（後方支援）』に使われるという意味だ」

「それなら、定例記者会見で質問するので、準備しておいてほしい」

私は二月三日に、国務省の定例記者会見で質問した。答えはわかっていたから、芝居のようなものである。

「ベーカー長官の発言が日本で大問題になっているので、真意を聞きたい」

マーガレット・タットワイラー報道官が、準備した文書を読み上げた。

「日本が提供した九十億ドルは、米国の軍事費としては使われない。あくまでも、『Logistics（後方支援）』として使われる。ベーカー長官は、その意味で使ったのである」

私は、直ちに東京に原稿を送った。

「日本の一部報道機関は『軍事費』と報じたが、米政府はこれを否定し、後方支援に使われていることを明らかにした」

この記事は、毎日新聞の一面トップに掲載された。私は、バウチャー副報道官のおかげで、「トク落ち」から救われた。

このように、米国の報道官や閣僚の発言は、それなりに政治的な意味を含み、言葉を選んで行われる。それだけに、日本の記者たちは日朝首脳会談について、米政府がどのような言葉を使うか、十分に吟味すべきであった。

東京での日朝首脳会談の発表を受け、八月三〇日のホワイトハウスでの記者会見で質問がでた。報道官は、次のように答えた。

「日朝首脳会談への小泉首相の『努力』を歓迎する」

国務省も、同じコメントを行った。

打ち合わせた結果だから、当然である。

これを受け、日本の新聞は「米国も（日朝首脳会談を）歓迎」と報じた。だが、これは間違いである。このコメントは、「努力」を歓迎したのであって、日朝首脳会談を歓迎していない。これは、本当は歓迎しないときに使う表現である。本当に歓迎する場合には、次のように言う。

「日朝首脳会談の実現を歓迎し、小泉首相を全面的に支持する」

何が違うのか。ホワイトハウスや国務省のコメントは、「努力」を歓迎したのである。「首脳会談」を歓迎したのではない。

「努力を歓迎する」という言葉は、支持したくないときに使われる。アメリカの外交を取材していれば、常識である。

米政府が本当に歓迎しているのなら、「日朝首脳会談」を「歓迎」し、会談に臨む小泉首相の立場を「支持」しなければいけない。その表現がないのは、「支持していない」ということになるのだ。

外交問題の取材では、こうした表現の「決まりごと」から、国際関係を判断する能力が求められる。実は、多くの記者がホワイトハウスや国務省の「努力を歓迎」の意味を理解していなかった。なぜか。

ワシントンで、日米問題について記事を書くのは、多くが政治部の記者である。政治部の記者は、国際関係はもとより朝鮮問題についての知識が浅い。アメリカの北朝鮮政策についての変化も、知らない。それでも、日米問題は自分たちの担当だといって、記事を譲らない。その結果、間違った記事が堂々と報じられる。日本での外交記事でも、同じ過ちがしばしば繰り返される。

国内では、外務省の取材は政治記者が担当する。朝鮮問題について、まったく知識も情報もない人たちである。これが、日本外交を誤らせている、と私は考えている。外交記事は、国際問題の専門家である外信部記者に、書かせるべきである。

政治部記者は、海外の取材経験も国際政治についての知識もない。それなのに日朝交渉や接触がしばらく中断すると「日本外交行き詰まり」という記事を書く。平壌の状況や事情も知らずに、こうした記事を平気で書く。政治記者たちには「行き詰まっているのは北朝鮮である」との情報は入手できない。その結果、判断を間違える。

政治記者の場合は、国際問題についての自分の知識や判断力が浅いだけに、どうしても官僚や政治家からの耳学問になる。基礎知識がないから、疑問を持たずに、言われた通りに書きがちだ。ところが、相手は自分のために記事を書かせようと、記者を利用するプロたちである。

「日本外交行き詰まり」の記事に一番喜ぶのは、北朝鮮利権に目がくらんだ政治家たちだ。自分の出番が来たと勘違いする。勝手に北朝鮮の当局者との接触を図り、マスコミに登場して、利権にツバをつけておこうとする。

果ては「北朝鮮は、日本の外務省を信用していない」と、北朝鮮の当局者みたいな言動を平気でする政治家もいた。こうした言動こそが、外交を妨害し、国益を失わせるという教訓をまったく学んでいない証拠なのである。

米国はなぜ、日朝首脳会談を歓迎しなかったのか。

「日米同盟の危機」と、受け止めたからである。

私は、米報道官の「努力を歓迎」の表現をみて、テレビ番組で「アメリカは支持していない」と説明したが、誰も理解しなかった。テレビ朝日の「朝まで生テレビ」で、大学教授が「アメリカも支持している」というので、「それはウソだ」と反論したこともあった。この教授は、国際問題の専門家ではないので、細かいディテールで間違えることがあった。ペリー元国防長官を「元国務長官」と呼んだりした。

実は、アメリカ政府は当時特別な情報を入手していた。それが、日朝首脳会談に強い不安を感じさせた。この情報が、外務省高官への不信を一層強めさせた。

米国は、日朝首脳会談が発表された二〇〇二年の八月末には、北朝鮮が秘かに核開発を再開している証拠を、入手していた。間違いなく、濃縮ウランによる核開発が行われていた。これは、明らかに米朝の「ジュネーブ（枠組み）合意」違反であった。

日本が、密かに首脳会談実現に動き出した二〇〇二年の春から八月にかけ、米情報機関は北朝鮮の核開発を追いかけていた。そして、その証拠をつかんだ。

小泉首相は当時、田中真紀子外相を更迭し、七九パーセントあった支持率が四〇パーセント台に急落した。支持率が三〇パーセント台に下落すれば、政権を失うかもしれない危機に直面していた。一方、外務省も機密費や経費の不正使用などのスキャンダルで、国民の信頼は地に堕《お》ちていた。

外務省高官の表現を借りれば「小泉首相と田中アジア大洋州局長らは、一発逆転のホームランを狙った」。そこには、北朝鮮の核開発への関心と配慮はまったくなかった。すでに指摘したように、この短期間だけは、日本外交は米国との共通の価値観と共通の敵を見失っていた。

共通の価値観と共通の敵を失えば、同盟は維持できない。これは、国際政治の授業で同盟について教える基本的理論である。その意味では、一瞬の間とはいえ、日米同盟は「崩壊」の危機に直面したのである。

では、このとき何が起きていたのか。

二〇〇二年の初め頃、アジア大洋州局長は、北朝鮮側のカウンター・パートである「ミスターX」と会談を重ねていた。「ミスターX」とは、本人が名前も肩書きも決して公表しないよう求めたためつけられた仮名であった。だが、こうした人物を相手に外交交渉をすべきではなかった。

本名と本当の肩書きを名乗らないうえ、公表を拒否するのは、工作機関か秘密警察の幹部である。

そのつけが、後になって回ってきた。米国の信頼を失った。米政府ばかりでなく、拉致被害者家族の不信感は、今もなお激しい。内外で、あれほどの激しい個人批判にさらされるとは、予想もしなかっただろう。

金正日総書記の側近とみられる人物との接触に興奮し、担当局長は自信満々であった、と外務省当局者は証言している。すべての情報を一人で握り締め、関係部局の幹部たちにも教えなかった。「ミスターX」の名前も肩書きも、外務省の首脳にしか教えなかった。もちろん、Xが教えたのは偽の名前と偽の肩書きである。

こんな危険な外交に乗り出してはならない。肩書きも本名もわからない人物を、外交官が交渉の相手にしてはいけないのだ。

本名も本当の肩書きも名乗らない相手との交渉は、外交ではない。工作の対象にされたのである。踊らされ、利用されたに過ぎない。

日本側は、最初からそう判断できていたはずだ。もしできていなかったら、外交官としては問題である。

北朝鮮の高官や当局者と初めて接触できると、新聞記者や政治家、外交官の中には興奮して、宙に舞う気分になる人たちがいる。北朝鮮高官との接触が難しいので、自分がすごいことをしたかのように誤解してしまうのだ。

さらに、自分が会った人物が低い地位の担当者であっても、高官と思いたがる。日本で名の知られた自分に会うのだから、高官に違いないと思い込む。

冷静に考えれば、北朝鮮の高官といっても、日本とは比較にならない小国の官僚である。ほとんど権限は与えられていない。そうした高官や当局者は、日本人の新聞記者や政治家への殺し文句を知っている。

「私は金正日総書記の側近です。私に言えば、総書記にすぐ伝わります」

「私は、日本のマスコミの支局開設を提起する権限を握っています。私に言ってくだされば、支局開設や総書記インタビューを実現します」

「日朝交渉の再開を総書記に直言します。私は、いつでも総書記に会えます。全力をつくしますから、私に協力してください」

こうした言葉に、コロッとやられてしまった新聞記者を数多く知っている。幹部のところに飛んで行って「平壌支局ができます」「金正日にインタビューができます」と御注進におよぶ。そして本人は、その夢に取り憑《つ》かれるが、それが北朝鮮の当局者たちの「詐欺」であるとは、なかなか気がつかない。

私は、こうした現象を「一種の熱病だ」と説明している。熱病が治るか、死ぬほどの目に遭わないと、騙されていることに気がつかない。「金正日総書記とインタビューできます」とのおためごかしに誘われ、マスコミのキャスターや社長、幹部らが平壌を訪問した。中には、定期的に巨額の現金を送金したり手渡したメディアもあったのを、日本の警察は把握している。

そうした情報の一つに、次のようなものがある。早くから北朝鮮への送金を扱っていた日本の銀行に、「大聖ビデオ・リサーチ」という企業名義の口座があった。これを北朝鮮の工作機関「統一戦線部」の口座と、警察は確認した。この口座に、あるマスコミが毎年数百万円から一千万円単位の資金を振り込んでいた事実が、確認されている。

北朝鮮当局者のこうした「詐欺行為」は、十年以上も続いている。にもかかわらず、平壌支局を開設し、金正日総書記とのインタビューを実現したマスコミは、いまだどこにもいない。「いい夢

郵便はがき

112-8731

料金受取人払

小石川局承認

1058

差出有効期間
平成19年4月
17日まで

東京都文京区音羽二丁目
十二番二十一号

講談社
現代新書出版部 行

愛読者カード

あなたと出版部を結ぶ通信欄として活用していきたいと存じます。
ご記入のうえご投函くださいますようお願いいたします。

(フリガナ)
ご住所 〒□□□-□□□□

(フリガナ)
お名前

生年月日(西暦)

電話番号

性別 1 男性 2 女性

メールアドレス

★現代新書の解説目録を用意しております。ご希望の方に進呈いたします(送料無料)。
1 希望する 2 希望しない

★今後、講談社から各種ご案内やアンケートのお願いをお送りしてもよろしいでしょうか。ご承諾いただける方は、下の□の中に○をご記入ください。

□ 講談社からの案内を受け取ることを承諾します

この本の タイトル	

本書をどこでお知りになりましたか。
1 新聞広告で　2 雑誌広告で　3 書評で　4 実物を見て　5 人にすすめられて
6 新書目録で　7 車内広告で　8 その他（　　　　　　　　　　　　　　）
9 お買い上げ書店名（　　　　　　　　　　　　）

これまでご購入いただいた現代新書は何冊になりますか。
（　　　　）冊

どんな分野の本をお読みになりたいか、お聞かせください。

本書、または現代新書についてのご意見、ご感想をお聞かせください。

最近お読みになっておもしろかった本（特に新書）をお教えください。

小社発行の読書人のための月刊ＰＲ誌「本」（年間購読料900円）のご購読を受付けております。
1 定期購読中　2 定期購読を申し込む　3 申し込まない
下記ＵＲＬで、直接現代新書の新刊情報、話題の本などがご覧いただけます。

http://shop.kodansha.jp/bc/books/gendai/

（悪夢）を見せられた」と言うしかない。

日本は濃縮ウラン開発を知らなかった

二〇〇二年の春から夏にかけ、日本は「逆転ホームラン」としての日朝首脳会談を目指していた。その同じ時期に、北朝鮮は新たな核開発を推進していた。

この動きを、アメリカの情報機関はキャッチした。米政府高官は、当時の状況を次のように説明した。

二〇〇二年の初め、元北朝鮮外交官が、ドイツの貿易会社に書簡を送った。この元外交官の名前は、尹浩鎮《ユン・ホジン》。北京に設立された、貿易会社社長の肩書きを使っていた。会社の名前は、「ナム・チョンガン貿易」。

ユンは、一九九九年まで、ウィーンの北朝鮮大使館に駐在し、国際原子力機関（ＩＡＥＡ）の北朝鮮代表を務めていた。私は、彼が新聞記者に「わが国は、核兵器を開発する能力も意思もない」と述べていたテレビ映像を、今も記憶している。

ユン・ホジンは、核開発と核拡散防止問題の専門家である。ＩＡＥＡと欧州諸国が、核開発関連機器の輸出に、どのような規制を行っているかを熟知していた。この知識を生かし、濃縮ウラン製造に必要なアルミニウム管を、ドイツから購入しようと計画した。

彼は、ドイツの光学機器商社「オプトロニック」の社長ハンス・ベルナー・トルッペル宛てに、次のような書簡を出した。二人は、以前に一度だけ小さな取引をしたことがあった。

「特殊なアルミニウム管を、中国の民間航空機製造会社のために購入したい。ただ、連絡は手紙にしてほしい。電話での連絡はできない」

核開発に使う遠心分離機の本体には、アルミニウム管が用いられる。核兵器用の濃縮ウラン製造には、不可欠な機材なのだ。

ユンは、平壌でも北京でも国際電話は必ず盗聴されることを、知っていた。平壌では、国際電話はすべて盗聴される。北京でも、北朝鮮関係者の電話は完全盗聴の対象だ。核開発に関わる情報が、北朝鮮の他の部局や中国の情報機関に漏れてはならない。自分の存在を、絶対に確認させないつもりだった。

北朝鮮では、極めて限られた首脳部だけが、核開発の内容を知っている。北朝鮮外務省は、核開発についてはまったく知らされていない。

この事件では、ユン・ホジンは結局逮捕されなかった。本人は取引の現場に姿を見せず、書簡でやり取りし発注した。まさに闇の世界のプロの手口であった。

ユンは、エンド・ユーザーとして「瀋陽航空機製造」の名前を使った。中国の大手航空機メーカーである。その会社のマーク入りの注文書が、同封されていた。もちろん、偽造文書である。製品が北朝鮮に渡らない証明のために、偽造書類が必要だった。

瀋陽航空機製造は、中国空軍のジェット戦闘機を製造するメーカーである。疑問を生まないように、書類には「アルミ管は、民間用飛行機の燃料タンクに使用する」と書かれていた。ドイツは、アルミ管の輸出に厳しい規制をかけていた。この規制の網をくぐるため、ユンは中国の航空機メーカーの名前を使ったのである。北朝鮮の貿易会社やメーカーの名前を出せば、すぐに目を付けられる恐れがあった。

ユンが発注したアルミ管は、貿易分類では「6061-T6」とされる製品であった。この商品は、ウラン濃縮のために使うには硬さが足りないとされ、ドイツの核関連製品輸出規制対象からは、除外されていた。

だが、専門家によるとウラン濃縮作業の腐食には十分に耐えるもので、少し加工すれば遠心分離機本体に使えた。

核爆弾の材料になるのは、プルトニウムか濃縮ウランである。広島に落ちた原爆は「濃縮ウラン型」で、長崎のは「プルトニウム型」であった。

プルトニウムの製造には、原子炉と使用済み燃料の再処理施設が必要である。施設がいくつも必要で、大型化するので、偵察衛星に発見されやすい。地下に隠すのは難しい。

濃縮ウランの製造には、原子炉や再処理施設はいらない。遠心分離機を設置するだけだ。施設を地下に隠すのも、可能だ。偵察衛星に捕捉されにくい。

天然ウランには、ウラン二三五は、わずか〇・七パーセントしか含まれていない。遠心分離機を高速で長時間稼動させ、このウランを抽出するのだが、ウランの純度が九五パーセント以上ないと、核爆弾には使えない。

濃縮ウランを製造するには、プルトニウムに比べ大型の施設はいらない。地下の秘密施設に数千本の遠心分離機を並べるだけでいい。北朝鮮が、濃縮ウラン型の原爆開発を考え付いた最大の理由は、「米国に発見されない」ためであった。

小学校か中学校の理科の授業で、遠心分離機で試験管を回す実験をしたことがあるだろう。あの試験管をアルミニウムの管に変えて大型化した装置が、数千本並んでいると考えていただきたい。

ユン・ホジンと連絡を取ったトルッペルは、注文をドイツの商社「ヤーコプ・ベック」社に回した。この商社は、大手企業クルップ・グループの子会社である。ヤーコプ・ベック社は、欧州でも有数の英アルミ管メーカーのドイツ子会社に、アルミ管を発注した。

契約内容は、一キログラム当たり四ドル五十三セント（約五百円）で、契約総額は九十万六千ドル（およそ一億円）であった。バイヤーが北朝鮮のナム・チョンガン貿易であることは、まったく表にでなかった。最終の荷主は、あくまでも中国の航空機メーカーであった。

ドイツの通関当局は、トルッペルの輸出書類に疑問を抱いた。アルミ管が核開発に使われる可能性があるからだ。このため、二〇〇二年の二月に、輸出許可証を取るように指導した。しかし、トルッペルはこの指導を無視した。

トルッペルは、ユン・ホジンの指示に従い、目立たないように数回に分けて出荷することにした。最初は少量のアルミ管を、輸出することになった。ハンブルクの商社、デルタ貿易を間に入れフランスの船会社と積荷契約を結んだ。

朝日新聞の取材によると、ドイツでは「信頼できる」と認定された業者は、輸出許可を取らずに「簡易手続き」で通関できる（『核を追う』朝日新聞社）。デルタ社には、「簡易手続き」の資格が与えられていた。これに、トルッペルは目をつけたのだ。

二〇〇二年の四月四日に、フランスの貨物船がアルミ管二百十四本（二十二トン）を積んで、ハンブルクから出航した。注文全量の四百トンに比べれば、かなりの少量だが、それでも当局の目を引くには十分な特殊製品だった。

当時すでに米中央情報局（ＣＩＡ）には、この取引の情報がもたらされていた。ＣＩＡは、ドイツとフランスの捜査当局に連絡した。ところが貨物船は出港した後だった。この貨物船を、寄港先のエジプトのダミエッタ港で押さえた。捜査の結果、北朝鮮が四千本のアルミ管を購入する計画であった事実が、確認された。

事件を担当した、ドイツのシュツットガルト検察局のマルティン・クローゼ上級検察官に、テレビ朝日の「サンデー・プロジェクト」がインタビューした。

それによると、問題のアルミ管について報告があがったのは、二〇〇二年四月七日だった。すでにフランスの貨物船は出航していた。ドイツ、フランス、アメリカの情報・捜査機関の協力で船の航路を入手し、寄港先のエジプトで積荷を押さえることになった。

押収されたアルミ管は、長さが二・四メートルで、外側の直径が二百二十一ミリ、内側の直径が百六十八ミリの高品質の製品であった。

クローゼ上級検察官は、押収したアルミ管を遠心分離機の専門メーカー「ウレンコ」社に調べてもらった。

アルミ管は「ウレンコ社が旧式の遠心分離機に使用していたものと、まったく同じ規格であった」。

このとき、パキスタンと北朝鮮の核開発協力が、浮かび上がった。パキスタンは、ウレンコ社の旧式の遠心分離機の設計図を盗用し、ウラン濃縮に成功していた。北朝鮮も、同じ設計図を使っているのだ。

北朝鮮は、一九九八年にパキスタンから密かに、遠心分離機の設計図とサンプルを入手していた。この事実を報じたのは、毎日新聞の春日孝之・元イスラマバード（パキスタン）特派員であった。

一九九八年六月に、北朝鮮の外交官夫人がイスラマバードで殺された。なぜ殺されたのか明らかにされない、奇妙な事件だった。ところが、もっと奇妙なことが起きた。この夫人の遺体と遺品を平壌に運ぶために、平壌から特別機が飛んできたのである。大使館の外交官夫人の遺体を運ぶために、特別機を用意するはずがない。本当の目的は、他にあった。

外交官夫人の棺と遺品の中に、遠心分離機のサンプルと設計図が詰め込まれていたのだった。外交官夫人の棺といえば、疑われることはない、と考えたのだ。

外交官特権を使い「特別の荷物」として送る方法もあったのに、北朝鮮はなぜ、特別機まで出したのか。外交官用の特別の荷物にしては、余りに量が大きく疑われる。また、情報が外に漏れれば途中でアメリカに差し押さえられるかもしれない。確実に安全に運ぶには、特別機を派遣するしかない。

北朝鮮に出入りする飛行機を、アメリカは偵察衛星や国際的な情報網で、すべて把握している。その警戒網をかいくぐって平壌に届けるには、単なる特別機派遣では疑われる。遺体と棺の運送のためで、夫人は高官の親族だと説明すれば、アメリカを騙せると考えたのだ。

春日特派員は、この記事を書くと直ちにパキスタンを出国した。報道されると、逮捕や取調べ、暗殺の危険すらあると、警告されたからだった。

入手された設計図と、アルミ管輸出事件は、明らかに連動していた。ユン・ホジンが手に入れようとしたアルミ管は、入手した設計図の規格に従ったものであった。

この遠心分離機が完成すれば、年間九十キログラムの濃縮ウランが生産される。一発の原爆に必要な濃縮ウランは、最大二十五キログラムである。年間三個から四個の原爆を製造できる。

しかし、これで北朝鮮の濃縮ウラン計画が、阻止されたわけではない。ロシアなどのルートを通じて、すでに数千本のアルミ管を入手したとの情報がある。

小泉首相は、アルミ管がエジプトの港で押さえられた頃に、日朝首脳会談を北朝鮮に打診していたことになる。

■サスピシャス・ガイ

米国は、二〇〇二年八月には、北朝鮮の濃縮ウラン計画の証拠をつかんだ。まったく同じ時期に、日本は日朝首脳会談に合意した。日米は、まったく正反対の方向に、走っていたのである。同盟の距離は、危険なほどに開いていた。

ブッシュ大統領は「北朝鮮はさらに米国を騙そうとしている」と、怒っていた。「これ以上北朝鮮には騙されない」というのが、ブッシュ政権高官たちの共通の思いであった。

ブッシュ政権高官は、「北朝鮮に二度と騙されない」と怒りを露にした。同じ時期に、日朝首脳会談が合意に達したのである。だから、米政府高官たちは日本外交への不信を強めた。

皮肉なことに、米国が北朝鮮のウラン濃縮計画の証拠を入手した直後に、小泉政権は日朝首脳会談を米国に通告したのである。

米政府高官たちは、日朝首脳会談に強い不快の感情を隠さなかった。苦労して核開発の証拠をつかんだのに、日本に裏切られた思いであった。しかし、北朝鮮の核開発を無視した外務省高官には、その深刻さは理解できなかった。

日本政府は、日朝首脳会談実現に突っ走った。

一方、米政府高官たちは、日本は核開発への憂慮を共有していない、との疑問を深くした。日朝首脳会談が発表された直後に、日本のマスコミはアジア大洋州局長を持ち上げた。金正日総書記を説得し、首脳会談にこぎつけたといった記事が、報じられた。独自外交の立役者として、もてはやされた。

これを米国側から見ると、まったく違う北朝鮮の意図が浮かび上がる。濃縮ウラン計画を摘発された北朝鮮が、「振り子外交」を展開したのだ。「振り子外交」とは、私が最初に作った用語である。今では、米国の研究者も使っている。北朝鮮は、冷戦時代は中ソの間を「振り子」のように行き来する外交を展開した。中国と関係が悪化すると、逆に傾いた。ソ連と対立すると中国に近づいた。援助をもらいながら、完全には属国にならないための戦略であった。日米韓三国に対しても、同じような外交戦略を展開した（『北朝鮮の外交戦略』講談社現代新書）。

この時は、得意の「振り子外交」で日本を逃げ道に使おうとしたのだ。経済制裁や米朝合意破棄などの措置が出る前に、日本と国交正常化を実現し、経済協力資金を得る作戦である。日本では、米国の懸念を理解できなかったのだろうか。

米国が北朝鮮に厳しい対応をするのは、間違いなかった。その一方で、日朝正常化が実現すれば、日米関係は緊張する。日米の足並みが乱れ、日米同盟が危機に直面するのは明らかであった。そうなれば、北朝鮮の思うつぼである。

日米同盟の崩壊こそ、北朝鮮にとって最高のシナリオであった。「南朝鮮統一」と「生き残り」

戦略にとっては、欠かせない条件と考えてきた。

だから、日朝首脳会談を早い段階で米国に伝えなかった責任者に、米政府高官たちは不信の感情を深くした。日米同盟を崩壊させるつもりだ、との強い不信感を抱いた。

二〇〇二年一二月外務審議官に昇進したアジア大洋州局長は、二〇〇三年五月に行われた日米首脳会談直前に、密かにワシントンに飛んだ。アーミテージ国務副長官、ケリー次官補に面会し、北朝鮮を追い詰めないよう要請した。

「金正日体制の維持を前提に協議すべきだ。対話路線の継続が、重要だ。米朝の対話が必要だ」

米国務省の二人の高官は、この言動に怒りを抑えることができなかった。日朝首脳会談の通告で二人に恥をかかせたうえに、米国の北朝鮮政策の変更を迫るような無神経な態度は許せなかった。

こうして、〈国務省幹部は（田中局長を）「サスピシャス・ガイ（怪しい奴）」と名付けたほどだ〉（産経新聞二〇〇三年五月二九日付）となった。この言葉には「北朝鮮側の手先になっているのではないか」との強い疑問が、込められていた。

産経新聞の古森義久特派員は、早くからこうした外交が、日米同盟を危険に直面させていると、指摘していた。古森特派員は、次のように伝えた。

〈同（ブッシュ）政権の内部では日本の対応にも不安感を示す向きがある。外務省の田中均アジア大洋州局長らが核問題を事実上、無視して北朝鮮との国交正常化に進もうとし、小泉純一郎首相もそれにすっかり引きずられたという経緯を米側は熟知し、「北朝鮮の核武装は米国よりも日本にとってずっと脅威となるはずだ」〈国務省筋〉と強調する〉（産経新聞二〇〇二年一〇月二八日付）

毎日新聞の外信部の大先輩である古森特派員は、尊敬できる新聞記者の一人である。ベトナム統一後、しばらくサイゴン（当時）に留まり、現地から記事を送り続けたただ一人の記者であった。私が外信部に配属された当時から著名で、駆け出しの私が親しく接することのできる相手ではなかった。

外信部は、政治部や経済部など一般の取材部署とは、決定的に違う性格を持っている。国内の取材部署は、多くが記者クラブに所属し、官僚や政治家、警察の発言や発表を記事にする。だから政治家や官僚に食い込まないと、ネタは取れない。どうしても、取材先と一体化しがちな危険を抱えている。

外信記者の場合は、自分の能力がすべてである。政治家も官僚も助けてくれない。自分の専門分野で、外交官よりも専門家であり、語学が駆使でき、情報も入手できる自信と自負がないと務まらないのだ。

外信記者は官僚・政治家に媚《こ》びる必要がないだけに、「反権力」で事実の確認に徹する「変わり者」が少なくない。古森記者は、このジャーナリスト精神を、歳を重ねても持ち続けている「変わり者」である。

古森記者は産経新聞のロンドン支局長時代に、日英交渉に関する日本大使館での記者会見に出席した。日本大使館の担当者が、日本に有利な説明を行った。これに対し、古森記者は「英外務省の説明とは違う。日本側はウソをついている」と食い下がった。

この会見を担当した外交官は「古森さんの言う通りだから困った。英国側からもきちんと取材していたのは、彼だけだった。やはりすごい」と、正直に打ち明けてくれた。

外交交渉や国際問題の取材では、双方に確認するのが原則である。ところが、これを取材する日本の政治部記者には、相手側に確認する語学力がない人もいる。外務省や官邸の発表通りの記事を、平気で書いてしまうのだ。

古森記者については、人を押しのけてもネタを取り、記事にする競争意識が強いと、その性格を嫌う同僚たちがいるのも事実だ。中国への厳し過ぎる姿勢には、賛否両論ある。だが、事実の確認という取材の基本においては、古森記者ほど優秀なジャーナリストは少ない。

新聞記者の役割は、評論家とは違う。あくまでも、事実の確認に徹し真実を掘り起こすのが仕事である。新聞記者の中には、取材をしないくせに勝手にストーリーを作り、人の記事の批評ばかりする人たちも少なくない。こうした人たちは、ジャーナリストではなく「評論家」である。我々が新聞社に入った時代には、新聞記者が評論家になったらおしまいだ、と先輩記者たちに徹底して叩き込まれた。

古森特派員は、権力に媚を売らず、決しておもねらない姿勢を貫いている。有名記者の中には、一定の年齢になると政治家や官僚に近づき、ポスト獲得に熱心になる人たちも少なくない。外務官僚からの聞き書きを、そのまま本にする記者たちもいた。官僚や政治家は、自分の失敗を隠し、業績をプレーアップする人たちである、とのジャーナリズムの基本を、古森記者は決して捨てていない。その思いが、記事の行間には今もこめられている。

毎日新聞時代に、古森記者は河上清の生涯について、記事を連載した。河上清は、戦前から戦後にかけ米国で活躍した日本人ジャーナリストである。日米戦争に反対し、日本と米国の間で真実を書き続けた。河上は、日本は米国を敵にすべきではないと説いた。また、米国民に対しても日本について率直に書いた。日本は、彼の警告を聞かなかった。

河上清は、米国のジャーナリズムの中で、最も有名な日本人であった。日本と米国が嵐の時代に、真実を書き続ける勇気とジャーナリストの使命に、古森記者は自分を重ね合わせてみたのではないか。

この記事を連載していた頃、古森記者が「河上の生涯を考えると、文章を書くのも、むなしいのかな。記事の力では世の中を、正しい方向に変えることはできないのかな、と思う」と語っていたのを、私はいまでもおぼえている。

「それでも、書いておけば誰かが続いてくれる」と、語りあった記憶がある。古森記者はその後、中国へのODA（政府開発援助）不正問題で、衝撃的な記事を書き続け、日本の世論を大きく変えた。

日朝正常化を阻止せよ

日朝首脳会談からわずか二週間後の一〇月三日、米国のジム・ケリー国務次官補が、平壌に入った。日本政府高官は、日朝正常化実現に米国が協力している、との期待を語った。誰も、ウラン濃縮問題だとは、思わなかった。

北朝鮮も、「米朝正常化の交渉に来た」と誤解した。米国の目的は、日朝の政府高官の期待とは、まったく異なるものであった。

北朝鮮と日本の誤解には、理由があった。

日朝首脳会談で、金正日総書記は小泉首相にブッシュ大統領への橋渡しを頼んだ。米国との関係改善への強い意向を、小泉首相に伝えた。

このメッセージを、小泉首相は日朝首脳会談直後の電話会談で、ブッシュ大統領に報告した。こうした経過から、日本と北朝鮮の関係者たちは、ケリー訪朝の目的を「ブッシュ大統領の回答を持参する」と誤解した。

情報なしの外交判断が、いかに危険であるかを教える典型的なケースであった。

日本側に、まったく情報が届いていなかったわけではない。米国は、何回か北朝鮮の秘密核開発を示唆する情報を、日本側に伝えていた。しかし、日朝首脳会談実現に興奮していた日本政府は、判断力を欠いていた。

米国は、日朝正常化が実現することに、深い憂慮を抱いた。この事実を、冷静に受け止めていれば、米国の対応は判断できたはずなのだ。ジャーナリストの私でさえ、「アメリカは支持していない」と喝破《かっぱ》していたのだから、日本の外交官が知らないはずはなかった。

ワシントンは、日朝首脳会談と平壌宣言の内容に危機感を感じた。核問題が解決しないのに、日本は日朝正常化に踏み切ろうとしている。阻止しなければならない。急いで、濃縮ウランでの核開発の証拠を突きつけることになった。日本に、北朝鮮が平壌宣言に違反している事実を、わからせる必要があったのだ。

当時の日本国民は、拉致被害者に関する「八人死亡、五人生存」の発表に、怒りの頂点にあった。死亡したとされる八人の事実関係も、疑問だらけだった。国民は、それまで「拉致はない」と言っていた北朝鮮の「ウソ」に、怒りを向けた。拉致被害者全員の帰国がない限り、国交正常化すべきではないとの世論が、沸き起こった。国交正常化は、当面不可能になった。

福田官房長官の拉致被害者や家族への冷たい姿勢も、怒りをかった。北朝鮮に死亡とされた拉致被害者について、蓮池薫さんの家族が政府の責任を問いつめた。すると、福田長官は「黙りなさい。皆さんのお子さんは生きているのですよ」と言ったという。

だが、ワシントンから見ていると、日本政府はそれでも正常化に踏み切ろうとしていると、思えた。日朝正常化交渉の日程が、明らかにされた。拉致問題と核問題については、正常化の本交渉と分離して分科会で検討する構想も、発表された。ワシントンの疑問は、深まった。

外交交渉の技術からすれば、明らかに拉致と核問題を「分科会」に分離して、棚上げしたまま正常化に踏み切る作戦と、思われた。正常化交渉だけを進め、中央突破を図ろうとする「陰謀」ではないかとの疑問が生じた。

米政府は、正常化交渉が始まる前に、平壌に特使を送り込み正常化を阻止する作戦を決めた。ただ米国が入手した情報と証拠では、北朝鮮に事実を認めさせるには、まだ足りないとの不安はあった。でも、時間がない。北朝鮮がパキスタンから設計図を手に入れてから、すでに数年が経過していた。

ドイツからのアルミ管輸入は、阻止した。しかし、他の国からアルミ管を入手して、すでに遠心分離機を稼動させているかもしれない。日朝正常化が実現すれば、経済協力資金が投入される。すべては水の泡だ。

ケリー次官補は、急いで平壌に向かった。

なぜ、このとき北朝鮮はケリー次官補を受け入れたのか。受け入れを拒否し、時間を引き延ばすことはできたはずだ。北朝鮮では、外国人の平壌入りは、必ず金正日総書記の許可を必要とする。その際に、担当部局はどんな成果があるかを、約束しなければならない。だから、日朝正常化交渉のメドが立った段階で、米国との交渉に臨むことも可能であった。

ところが、平壌は「二〇〇三年一月一日」からの日朝正常化を確信していた。日朝首脳会談の成功に、浮かれていた。このため、日朝正常化にあわてた米国が、米朝関係改善のために膝《ひざ》をかがめて訪朝してくる、と勘違いした。北朝鮮の「振り子外交」に、アメリカも引っかかった、と思い込んだのだ。

またそう解釈し、指導者の手腕を讃《たた》えなければ、北朝鮮では生き残れないのである。この時点で日朝正常化は難しい、と発言などしようものなら粛清されるのだ。だから、担当者は「アメリカが白旗を掲げてやってくる」と、報告していた。

北朝鮮は、冷戦時代以来、「振り子外交」を外交戦略の基本にしている。中ソ対立の時代には、中国が厳しい姿勢を示すとソ連に近寄り援助を獲得した。また、ソ連が冷たくなると中国に近づき、ソ連の気を引いて援助を獲得した。

こうして、社会主義各国から援助を引き出し、冷戦時代を生き抜いてきた。実は、北朝鮮は昔も今も被援助国家である。中ソや東欧社会主義国家からの多くの援助があったために、発展しているように見えたのであった。

この外交戦略は、日米韓三国に対しても取られた。

米朝接触がうまくいかないと、日朝交渉に乗り出した。日朝も暗礁にのりあげると、南北対話を再開した。振り子のように、方向を変えた。日本では、米朝関係が動くと、「日本は乗り遅れる」と報じる新聞や政治家がいる。これは、結果として北朝鮮の「振り子外交」に乗せられているか、あるいは、意図的に北朝鮮の手先を演じていることになるのだ。

北朝鮮入りしたケリー次官補は、一〇月三日に金桂冠《キム・ゲガン》外務次官との会談を行った。

会談に同席した、ジャック・プリチャード元朝鮮半島平和担当特使は、次のように語った。

「北朝鮮は、我々の訪問を間違いなく米朝正常化の話し合いに来た、と誤解していた。だから、濃縮ウラン計画の証拠を突きつけると、（キム・ゲガン次官は）最初は意味がわからない様子だった。事態を理解したとたん、パニック状態に陥った」

キム・ゲガンは、米国担当の次官である。一九九三年に開始された「ジュネーブ合意」の交渉から米国と渡りあってきた。

しかし、秘密の濃縮ウラン計画は、外務次官には知らされていない。核開発担当の軍首脳と金正日総書記しか知らない。キム・ゲガン次官が知っているわけがなかった。だから、驚愕したのである。

ケリー次官補は、北朝鮮がウラン濃縮用のアルミ管を入手しようとした事実を始め、パキスタンとの関係を次々に明らかにした。購入に関する書類のコピーも示した。

ケリー国務次官補は、厳しい口調で問い詰めた。

「北朝鮮が、ジュネーブ合意に違反して密かに核開発を行っているのは間違いない。濃縮ウランの計画を進めているのは、明らかだ。ウソをついては困る。事実を明らかにせよ。我々はこの事実を、公にする」

キム・ゲガン次官は、明らかにうろたえていた。返事に窮した。

「核開発は一切していない。ジュネーブ合意には違反していない」

キム次官は、核開発の情報に接触できる立場にはない。まったく知らされていないのだ。「そうした事実はない」と言い張るしかなかった。

初日の会談は、北朝鮮側が事実を認めずに終わった。会談は、決裂の様相を見せていた。

翌日の四日に会談は再開された。驚いたことに、姜錫柱《カン・ソクチュ》第一外務次官が姿を見せた。予定外の登場であった。相当に疲れ、眠そうな顔つきをしていた。

「昨夜は、一睡もしていない。あなた方が提出した問題のおかげで、朝まで会議をしていた」

北朝鮮側が、濃縮ウラン問題について、対応策を論議していたのは明らかだった。濃縮ウラン計画について、外務省はまったく知らなかった。金正日総書記にすぐ報告があげられた。軍の核開発担当者と責任者が集められた。

アルミ管を購入しようとしたユン・ホジンも呼ばれ、事実が質《ただ》された。ケリー次官補が提出した事実が、確認された。アメリカ側が提出した事実と証拠は、間違いなかった。

この会議に出席したのは、カン・ソクチュ第一外務次官と軍幹部、原子力機関の責任者であった。金正日総書記の「本部党（秘書室）」の担当官も、同席した。侃々諤々《かんかんがくがく》の協議を重ねた。

核開発の事実を認めるか、あくまでも否定するのか。どちらが、北朝鮮に有利か。何度となく検討された。最も心配されたのは、アメリカの軍事攻撃であった。

もし、核開発の事実を認めなければ、アメリカは軍事攻撃に出るのか。あるいは、認めた方が安全なのか。認めた場合には、日朝正常化はどうなるのか。

最終的には、アメリカに強い態度で臨むことにした。明確に核開発を認めるわけではないが、「そうした権利を保有している。権利を行使して、何が悪い」と間接的に認めることにした。認めない場合に、「先制攻撃」されることを恐れたのだ。

また、認めれば米国が驚くだろう、と期待した。驚愕したアメリカは、濃縮ウラン開発を中止させる交渉に乗ってくると、考えたのだ。ケリー次官補の入国を推進した北朝鮮の外務省は、米朝関係改善の交渉をすると説明していた。だから、その交渉に入れれば責任を問われなくてすむ。

これが、平壌の高官たちの基本的なものの考え方であり、処世術なのだ。だから、ケリー次官補を驚かせ「話し合いをしよう」と助け船を出し、米朝交渉の形式を整えようと考えたのだ。北朝鮮の高官独特の、責任逃れの発想である。

ケリー次官補には、交渉する権限は与えられていなかった。これが、北朝鮮にとっては計算外の事態であった。米国は、北朝鮮とは直接交渉はしないといってきたのだから、当然である。北朝鮮側は、それを知らなかった。

北朝鮮はまた、米国との交渉が決裂してもいいと考えた。日朝正常化がすでに「約束」されている以上、アメリカと日本の関係を分断できる、と判断したからだ。

会議の結論が出たときは、朝になっていた。

ケリー次官補は「どうせ、否定するつもりだろう」と考え、会議の冒頭で前日の説明を繰り返した。

「北朝鮮がウラン濃縮計画を進め、核開発を密かに継続している事実が明らかになった。証拠と情報もある」

カン・ソクチュ第一次官は、怒った様子で顔を真っ赤にしながら、大声で開き直った。

「それがどうした。何が、問題なのだ」

米国側は、北朝鮮がいつもの通り「米国の情報はウソだ。捏造《ねつぞう》である」と回答すると予想していた。だから、この発言の意図がわからなかった。

カン第一次官は続けた。

「それをして、何が悪い。アメリカに対抗するためには、必要なのだ。開発をする権利は、どこの国も持っている。我々には、権利がある」

ケリー次官補は、アメリカ側の通訳に確認した。

「本当に（濃縮ウラン開発を）認めたのか」

通訳は、「間違いありません」と答えた。それを聞くと、ケリー次官補は決定的な言葉を伝えた。

「これ以上交渉を続けるわけにはいかない。北朝鮮が事実を認めた以上、ワシントンに帰って対応を検討する」

この言葉を聞いたとたん、カン・ソクチュ第一次官の顔色が変わった。計算が狂ったのだ。アメリカは、新しい交渉に乗ってこない。カン第一次官の居丈高な態度が、突然媚《こ》びるような対応に豹変した。

「この問題について、引き続き話し合いをしたい。米国と共和国（北朝鮮）との関係改善について話し合いたい」

ケリー次官補が応じた。

「我々には、その問題を協議する権限は与えられていない。直ちに帰国する。会談は終わりだ」

席を立つケリー次官補に、カン・ソクチュ第一次官はあわてて近づき小声で話しかけた。

「もう一度話し合えないか」

このカン・ソクチュ第一次官の言葉に、北朝鮮が考えた作戦のすべてが込められていた。北朝鮮の対応について、交渉に参加した米国務省の当局者たちは、次のような結論に達したという。

北朝鮮は、ウラン濃縮計画を正直に認めれば、アメリカの軍事攻撃はまず抑えることができると考えた。そのうえで、ウラン濃縮計画に関する交渉を展開しようと考えた。米国との国交正常化交渉の開始を条件に、ウラン濃縮計画の放棄を約束する作戦を立てたのだ。

この判断は、当たっていると思う。米国が交渉に乗る、との誤った判断をさせた原因は、日朝首脳会談にあった。

首脳会談で、金正日総書記はブッシュ大統領へのメッセージを、小泉首相に託した。米朝正常化についての話し合いをしたいとの意向が、込められていた。北朝鮮の高官たちは、ケリー次官補の平壌入りを「金正日総書記の作戦に、米国が乗った」と、解釈していた。

平壌の首脳部は当時、二〇〇三年の一月一日から日本との国交正常化が実現できる、と本気で思っていた。その気にさせたのは、日本側が手渡していた「覚書」であった。

北朝鮮は、こう考えた。

日朝正常化を米国に妨害させないために、正直に事実を認めることだ。そうすれば米朝交渉に、米国を引きずり込める。そうでないと、米国は北朝鮮がウソをついているとして、日朝正常化に反対するかもしれない。

当時の北朝鮮は、なんとしても日朝正常化を実現したかった。そうでないと、体制が崩壊するかもしれないからだ。日朝正常化が実現すれば、日米の協力関係を分断でき、米国の軍事攻撃を受けることはなくなる、とも考えた。

北朝鮮は、米国が軍事攻撃すると本気で思っていた。それを阻止するには、日米同盟を揺さぶるのが最善の方策であった。徹夜での北朝鮮高官たちの会議では、こうした戦略と戦術が論議された。まさか、日朝正常化が不可能になるとは、計算できなかった。

会談を終えたケリー次官補とプリチャード特使らは、朝鮮語のわかる国務省のスタッフと、メモを突き合わせた。カン・ソクチュ第一次官の発言内容を、何度も確認した。結論は変わらなかった。

「北朝鮮は、ウラン濃縮計画を事実上認めた」

なぜ、ケリー次官補らはこの確信を得たのか。それは、米国務省の記録の取りかたにある。米国の外交官は、交渉の際に相手側の発言を、相手側の言語で記録する。日本の場合は、翻訳した日本語で記録する。明らかに、米国の記録文書の方が正確である。相手側の言語で記録したうえで、英語に翻訳する。必ず、元の記録を残している。これだと、ごまかしがきかない。日本のやり方では、日本語に翻訳する際に、交渉担当者のごまかしが可能になる。

ケリー次官補らは、カン・ソクチュ第一次官らの朝鮮語の発言内容をそのまま記録していた。その朝鮮語の文面から、発言を何度も確認した。その結果「濃縮ウラン開発を認めた」と、確信したのだった。

ケリー次官補らは、ソウルと東京を経由してワシントンに帰国した。平壌での交渉の詳細については、韓国政府には説明しなかった。ただ、日本政府には北朝鮮がウラン濃縮を認めた事実だけを、簡単に伝えた。ケリー次官補は、東京の米大使館での説明に、安倍晋三官房副長官を加えた。アジア大洋州局長と福田官房長官の二人だけに説明するのを嫌ったという。それほどに、米国務省の二人に対する不信の感情は強かった。

ワシントンでの検討・協議を経て、詳しい内容が、日韓両政府に改めて伝えられた。米政府は、北朝鮮のウラン濃縮計画の全容と、核開発を認めた交渉の内容を、日韓両国に伝えた。

しばらくして、米国のメディアがこの事実を報じた。米政府の誰かが、新聞にリークしたのだ。この報道を受け、米国務省は一〇月一六日に「北朝鮮がウラン濃縮計画を認めた」と公式に明らかにした。

日朝正常化交渉前の、意図的なリークであった。北朝鮮は、明らかに「平壌宣言」に違反していた。米政府高官たちは、日本も正常化交渉をあきらめざるをえなくなる、と考えた。ところが、そうではなかった。

北朝鮮の核開発再開を、日本政府は「平壌宣言違反」とは言わなかった。これは、日本の北朝鮮問題につきまとう「裸の王様症候群」である。アンデルセンの童話のように、王様は裸なのに誰も「王様は裸だ」と言わない。

米国の不快の表明にもかかわらず、日本政府は日朝正常化交渉を、一〇月二九日からマレーシアのクアラルンプールで始めた。しかし、拉致問題での進展はなく、翌三〇日に交渉は決裂した。

第2章

外交放棄のミスターXとの交渉

外務省は秘密警察幹部を相手に選んだ

日朝首脳会談のおよそ一年前、二〇〇一年の秋に外務省の北東アジア課長に、一本の電話が入った。

「黄 哲《ファン・チョル》指導員の代わりに、別の高官が日本政府との連絡を取ることになりました。できれば、中国で一度お会いしたい。お話ししたいことがある」

「ミスターX」の登場であった。Xは、北朝鮮の外交官ではない。所属と肩書きについては、この章の後半と第4章で詳しく説明するつもりである。日本の外務省は、Xを相手にすることで、北朝鮮の外務省を排除してしまった。

Xとの接触を拒否すれば、間違いなく北朝鮮の外務省が交渉に出てきた。当時、対日交渉の権限が工作機関の「統一戦線部」から、北朝鮮の外務省に移行しかけていた。この平壌の内部情報を、日本の外務省は入手していなかったのだろうか。

日本の外務省は、一貫して北朝鮮の外務省を排除し、工作機関を相手にしてきた。今回も、外務省の所属ではないXを選んだ。明らかに外交放棄である。実は、Xは秘密警察「国家安全保衛部」の幹部であった。

日本の外務省高官の中には「北朝鮮の外務省は、力がない。実力者と交渉すべきだ」と、しったかぶりをする人たちがいる。これは、間違いである。米国は、工作機関との交渉や関与を排除し、終始一貫して北朝鮮外務省との交渉に徹した。この教訓を、日本も学ぶべきだ。

北朝鮮の外務省は、工作機関や秘密警察に比べ力はないが、外交問題では「妨害」し「非協力」する力は持っている。外務省の関与なしに、政府間の合意はできない。

日本の外務省がXを選択したことで、Xは北朝鮮外務省を排除する口実ができたのである。日本外交は、工作機関の「統一戦線部」の代わりに秘密警察の「国家安全保衛部」を新たに相手にすることになった。何よりも、双方の担当者が「正常な外交」への復帰よりも、「国交正常化」を実現して「出世」する野心に燃えていた、というべきだろう。

外交官ではない人物を、どうして日朝交渉の相手にしたのか。それまでの日朝外交の経緯を知らないと、理解できないかもしれない。

Xが登場する直前まで、外務省の北東アジア課長はもとより、北朝鮮に近い自民党の実力者は、ファン・チョルの行方を捜していた。彼の電話番号に連絡しても、誰も出なくなっていた。

ファン・チョルこそ、九〇年代から日朝の舞台裏で走り回り、日本の政治家や新聞記者、官僚への工作活動を行った人物である。彼のボスは、金容淳《キム・ヨンスン》書記であった。工作機関「統一戦線部」担当の書記である。

ところが、このファン・チョルが、二〇〇一年の春頃から姿を消した。行方不明になった。地方に送られたとの情報が流される一方で、処刑されたとの噂も絶えない。

彼の消息を知ろうと、二〇〇一年の夏に日本の関係者が、こっそりファン・チョルの平壌市内のアパートを訪ねた。ところが、彼と家族の姿は見えず、別の一家が住んでいた。

ファン・チョルに何かが起きていた。彼に頼りきっていた自民党の実力者や、外務省の担当者たちは途方に暮れた。北朝鮮と接触する窓口を失ったのである。

だいたい、ファン・チョルごときの地位の低い担当者と接触や交渉を重ねたのが、日本外交の間違いであった。彼を、影響力のある「高官」と勘違いしていた。彼は、外交官ではなかった。

私は、ファン・チョルに少なくとも十回ほど会っている。一言で言えば、日本語は極めて流暢《りゅうちょう》だが、日本についてはほとんどわかっていない人物である。ただ、日本人記者に「平壌支局を開設する。金正日総書記とインタビューさせる」と、話を持ちかける手口にはたけていた。

「それを決める委員会に私は加わっています。私の一言で、大勢が決まります」

こう言われると、朝鮮語も使えず韓国人や朝鮮人と交渉した経験のない日本人記者は、すぐに引っかかってしまう。多くの新聞記者が、彼のために情報を送り、依頼を引き受け現金も手渡した。

ファン・チョルのこの説明は、ウソである。北朝鮮は、国交正常化前に日本のマスコミの支局を開設させるつもりはまったくない。金正日総書記とのインタビューも、不可能だ。北朝鮮の高官が、金正日総書記にインタビューを提起すれば、まず「いくらもらえるのか」と聞かれる。あるいは「何か得るものはあるのか」と言われる。

インタビュー料として、最低でも一億円ほどの現金が払われると報告しないと、「バカ」といわれる。さらに、責任を取らされかねない。繰り返すが、金正日総書記と無料で会見した外国人はいない。また、インタビューの結果が悪ければ、会見を進言した高官の首が飛ぶのは間違いない。そんな危険なことを、北朝鮮の高官が申し出るはずがないのだ。

私は、平壌支局開設について金永南《キム・ヨンナム》外相（現在は、最高人民会議常任委員長＝形式上の国家元首）に、一九九三年にニューヨークで質問したことがある。国連総会で演説するためにニューヨーク入りした際に、インタビューに応じてくれた。会ってみると、なかなか懐の深い、したたかな老人であった。人あたりはどこまでも温和で、人を引き付ける魅力があった。

私は最初に、「いつもキム・ヨンナム外相の名前を記事で勝手に使ってきたので、その借りをお返しするつもりだ。満足いくインタビューにしたい」と、朝鮮語で語りかけた。彼は「いやー、朝鮮語がお上手ですね。日本人記者にわが国の言葉でインタビューされるのは、嬉しいですね」と、すぐに打ち解けてくれた。

インタビューが終わったあとで、「オフレコでいいから、聞きたいことがある」との私の申し出に、快く応じてくれた。思い切って聞いてみた。

「日本の新聞、テレビは国交正常化の前に平壌支局を開設できますか」

キム・ヨンナム外相の答えは明確だった。彼は、笑いながら次のように説明した。

「できません。考えてください、わが国は外国のメディアの支局を許可したくないのです。外国のメディアがわが国に常駐しても、いいことはありません。ただ、日朝国交正常化が実現すれば、双方の協定にしたがい受け入れます。それまでは、絶対に開設できません。私が許可しません」

ファン・チョルは日本人記者たちにウソをつき続けたことになる。

ファン・チョルは、平壌外国語大学の日本語科の卒業生である。教師の一人には、朝鮮人の夫と共に北朝鮮に渡った日本人妻がいた。

大学卒業後は、多くの卒業生と同じように日本語の通訳として働いた。対外文化連絡協会（対文協）の日本語通訳である。通訳兼監視人として、訪朝した日本の政治家や日本人記者の相手をした。他の朝鮮人通訳とは異なり、居丈高な態度や脅すような言動を見せなかった。これが、日本の政治家や記者たちの好感を得た。

北朝鮮を訪れる日本の政治家や記者たちは、彼の発言を信じた。ファン・チョルは、指示された通りの「工作」や「包摂活動」をしていたのだが、日本人にはそうした意識はなかった。こうしてファン・チョルは対日本人工作の成果をあげた。多くの新聞記者が、彼の言うことを聞いた。

ファン・チョルが日本側から高い評価を得たのは、一九九〇年九月の金丸訪朝からであった。金日成《キム・イルソン》主席と金丸信・元副総理との会談で、通訳を務めた。彼は、金日成主席と金丸・元副総理が妙香山で二人だけで行った会談にも、同席していた。

この単独会談は、北朝鮮側の策略に日本側が乗せられたものであった。二人の単独会談は、当初の予定にはまったくなかった。妙香山は、平壌の北東にある名勝地だ。観光ホテルや、幹部たちの保養施設がある。

金日成主席は、妙香山の別荘で保養中だった。というよりは、日本の政治家を呼びつける形式を取ったのだ。訪朝団は、汽車で妙香山に向かった。代表団が会見を終えて帰ろうとすると、金丸信団長に北朝鮮側が耳打ちした。

「主席が、二人でお話ししたいとおっしゃっています。少しお残りください」

これは、北朝鮮側の最初からの作戦であった。

日本側の政治家や外務省の随行員らは、「金丸先生は少し遅れます」との言葉を信じた。ところが、汽車が発車しても金丸団長は姿を見せなかった。汽車には乗らなかった。関係者が大騒ぎしても、あとの祭りである。北朝鮮側としては、予定通りの作戦であった。

その日の夜、金日成主席は金丸信・元副総理のために、特別の宴席を用意した。その席に通訳として同席したのは、ファン・チョルただ一人だった。あとは、日本側の警護員と北朝鮮側の警護員だけであった。日本側の通訳は、同席していなかった。

この会談で、何が約束されたのか。日本側は、誰も知らない。

■拉致に言及しない「国会対策的外交」

金丸・元副総理は、何を話し、何を約束したのか。日本側には記録がまったく残っていない。この秘密会談に応じた結果、金丸氏は後に大きな疑惑をもたれることになった。

その後、金丸氏が政治資金規正法違反で捜査された際に、刻印のない金の延べ棒などが見つかり、北朝鮮からのものではないかとの噂が流れた。

この単独会談で何が話し合われたのか。ファン・チョルに問いただしてみた。彼は「教えたら、私の命はありません」と、首を横に振った。それなら、私が取材した内容が間違っているのなら、「違う」と言ってほしいと頼んだ。彼は、笑って拒否はしなかった。

私が、日朝の関係者から長年にわたって取材した会談の大筋は、次のような内容であった。

会談の冒頭で、金日成主席は遠来の客をねぎらう言葉をかけ、話を始めた。

「金丸先生のご先祖が、わが国から渡られたことは、よく存じております。私どもとしては、本当に嬉しく思うばかりです。ご先祖やご両親、ご家族の方々は、日本で本当にご苦労なされたことでしょう。その苦労を乗り越えて、金丸先生が日本を指導する大政治家になられたことは、わが民族の誇りとするところであります」

金日成主席は続けて、金丸・元副総理の両親や家族関係についても、言及した。これを聞いた金丸氏は、感激の涙を流した。涙は、止まらなかった。感謝の気持ちを伝えた。

こうなったら、北朝鮮側の勝ちである。このために、優秀な工作員が、金丸氏の生い立ちから家族関係、身辺事情まで詳細に調べ上げていた。この程度のことは、北朝鮮の情報機関にとっては、日常活動の範囲である。この金丸氏の身辺調査に協力した在日の関係者を、私は知っている。

すっかり感激してしまった金丸氏との話し合いは、金日成主席の一方的な勝利であった。相手の土俵に引き込まれてしまい、日本の国益を守るべき政治家の立場は忘れられた。国会周辺の永田町で、野党の議員を相手に「国会対策」をしているような気分で、会談は進んだ。

これまでの日本の政治は、「国会対策」が主流であった。与野党が対立すると、国民の目には見えない裏の話し合いで落としどころを決め、合意にこぎつける。その際には、多くの芝居も演じられる。国民とはまったくかけ離れた場所で、利権や現金が取引された。

裏取引の感覚で外交をやられたら、たまったものではない。だが、現実にはこの「国会対策的外交」が、北朝鮮との関係では頻繁に使われた。

これは、北朝鮮と親しくなった日本の政治家が陥る「病気」である。「国会対策」と外交の区別がつかなくなるのだ。

金日成朝鮮民主主義人民共和国首相、拉致事件発生当時は国家主席だった。現在の金正日総書記の父。

北朝鮮に関わった多くの政治家が、正常化の際の「経済協力資金」に関心を寄せた。新聞に北朝鮮の関係者と接触した政治家の名前が出たら、利権目当てだと思って間違いない。

北朝鮮は、外国である。国益のかかった外交に、何の権限もない一介の国会議員が手を出してはいけない、という常識に欠けていた。勝手な約束もした。政治家は、外交の権限を与えられておらず、外交的には「民間人」である。

それにもかかわらず、金丸訪朝団は「日朝国交正常化」と「戦後補償」を文書で約束した。とんでもないことである。ところが、こうした「外交まがい」の行為を、外務省も後押しした。ここに、「外交敗北」の最大の原因があった。

二人だけの宴が佳境に入ったところで、金日成主席が切り出した。

「先生は、自民党の指導者であり日本の政治を動かしておられる。朝日正常化実現に、力を貸していただきたい。早急に実現していただきたい」

金丸氏が応じた。

「正常化交渉は、時間をかけたらどうか。日中国交正常化のように、連絡事務所をまず開設し、交渉を続けるほうが現実的だ」

金日成主席が続けた。

「いや、すぐにも正常化交渉をしたい。国交正常化が必要だ」

金丸氏が答えた。

「それほどおっしゃるなら、そうしましょう」

金日成主席がはやる気持ちを抑える様子で、聞いた。

「日本の正常化（経済協力）資金は、どのくらいの規模になりますか」

金丸氏が、しばし考え込むような様子を見せた。

「ご存知だろうが、韓国には、有償・無償合わせて五億ドルの経済協力資金を出した。これを基準にして、大蔵省は五十億ドルというだろう」

金日成主席の声がややはずんだ。

「五十億ドルですか」

金丸氏は、少ないと言われたと思った。しばし腕を組んで考える様子で、言葉を続けた。

「大蔵省が五十億ドルというなら、お国（北朝鮮）は百億ドルを要求できる。交渉が行き詰まれば、中間の七十五億ドルで妥協する。それに、政治加算は可能だ」

これは、八十億ドルくらいならなんとかできるという含みを残した「国会対策的回答」であった。当時の八十億ドルは、およそ一兆円になる。

この会談で金丸氏は、日本人拉致被害者については、まったく言及しなかった。無実の罪で抑留されていた、日本の貨物船「第十八富士山丸」の船長と機関長の帰国が、実現した。だが、この訪朝団に同行した政治家は誰も「拉致問題」を議題にしなかった。

当時すでに、日本人拉致工作員の辛光洙《シン・ガンス》は原敕晁《はらただあき》さんの拉致を認めていた。日本の政治家が、拉致に関心を寄せてもよかったはずだ。この時に日本側が問題にしていたら、拉致被害者はもっと早く救出できた。ところが政治家は、救いを求める日本国民の救出に関心を示さなかった。北朝鮮の独裁者の声にだけ、応えたのであった。

また、大韓航空機爆破事件の金賢姫《キム・ヒョニ》が、自分に日本語を教えたのは拉致日本人女性だと、明らかにしていた。訪朝団は、少なくとも拉致日本人について、金日成主席に問いただすか、帰国への協力を求める「勇気」があってもよかったはずだ。

巻末の、金丸訪朝団の参加者名簿を参照していただきたい。当時は、社会党が「拉致はない。韓国の情報機関のでっちあげだ」と、主張していた。代表団に当時の社会党議員も多く参加していただけに、そうした要求をさせなかったのかもしれない。日朝関係と拉致問題については、かつての社会党と自民党の指導者・実力者の罪は大きい。

ともかく、金丸氏の「八十億ドル」の約束に金日成主席は満足だった。満面の笑みを浮かべ、喜んでいたという。北朝鮮側は、多くても六十億ドル（約七千億円）程度と、見込んでいたからだ。

金日成主席は、金丸訪朝団を迎えるおよそ二週間前の一九九〇年九月一一日に、中国の瀋陽に向かった。中国の鄧小平《とうしょうへい》氏と、一二日に急遽秘密会談を行った。二人の首脳は、しばしば瀋陽で非公式の会談を行っていた。

こうした会談に、二人は次代を担う若い人物をいつも同席させた。鄧小平氏には常に胡錦濤《こきんとう》氏（現国家主席）が同行し、金日成主席は延亨默《ヨン・ヒョンムク》首相（当時）を同行した。若い二人を首脳会談に同席させ、将来の指導者の信頼関係を築いておこうとした。このため、ヨン・ヒョンムク元首相は中国が信頼する唯一の北朝鮮高官として知られた。

ヨン・ヒョンムク氏は二〇〇五年にガンのため死亡した。金正日総書記は、中国と話のできる最大の片腕を失ったのである。

金日成主席は、なぜ急遽中国の指導者に会う必要があったのか。それはソ連が、北朝鮮を裏切ったからである。

中朝首脳会談の十日前に、ソ連のシェワルナゼ外相が平壌入りしていた。シェワルナゼ外相は、「ソ連は韓国と国交正常化する」と通告した。北朝鮮の首脳部が、将来への不安にかられたのは間違いない。東欧諸国が、崩壊していた。

ワシントン・ポスト紙のドン・オーバードーファー元東京特派員が、この時の中朝首脳会談の内容を、次のように明らかにしている（『二つのコリア』共同通信社）。

金日成が聞いた。

「赤旗はいつまではためき続けるのか」

これは、共産主義はいつまで持ちこたえられるのか、との質問である。

鄧小平は、楽天的な見通しを述べた。

「たとえソ連が揺らいでも、中国やベトナム、キューバではマルクス＝レーニン主義は健在だ」

金日成は続けた。

「ソ連のように、中国は韓国と国交正常化しないでほしい」

鄧小平は明確な約束は避け、北朝鮮に日本との国交正常化を促した。

私の取材によると、この会談で金日成主席は次のようにも聞いている。

「日朝正常化をすれば、どのくらいの資金を日本から取れるだろうか」

鄧小平は、これに答えた。

「多分、多くても五十億か六十億ドルではないか」

ところが、金丸氏の約束は、鄧小平氏の予想をはるかに上回る額であった。

当時の北朝鮮をめぐる情報を、日本がきちんと入手していたら、これほど巨額の資金を約束する必要はなかった。北朝鮮は、冷戦の崩壊で危機に直面していた。東欧の社会主義国が次々崩壊し、「北朝鮮も崩壊するのではないか」との不安が北朝鮮の首脳部には広がっていた。

この北朝鮮首脳部の極度の不安を知っていたら、金丸訪朝団はもっと毅然とした要求を突きつけられたはずだ。当時の北朝鮮は、日朝正常化なしには崩壊するかもしれない、との恐怖におののいていた。どんな要求にも、譲歩したはずである。国際政治についての情報と教養の欠如は、日本の政治家の「病気」である。この「病気」への一部外交官の追従が、日本の外交敗北を招いてきた。

一方、韓国の高官たちは、北朝鮮指導部の崩壊への不安に、十分に気づいていた。韓国は、北朝鮮のこの「不安」を巧みに利用して、歴史的な「南北基本合意」にこぎつけた。

金丸訪朝団が平壌を訪問する前に、国際社会を変える二つの外交が平壌を中心に展開されていた。ソ朝同盟の崩壊と、南北首相会談である。この外交展開の内容を知っていたら、金丸訪朝団はもっと大きな成果をあげていたはずである。

ところが、北朝鮮の指導者と会見することに興奮し、最大限の譲歩をしてしまった。情報の入手が、決定的に不足していた。また、情報を入手したとしても、それを巧みに利用できる国際政治への理解力と判断力に問題があった。

朝鮮半島情勢を変えた事件の一つは、一九九〇年九月五日からソウルで行われた南北首相会談であった。南北対話を拒否していた北朝鮮が、応じざるをえなくなった。この背景には、ソ連の裏切りと、東欧社会主議国の崩壊があった。北朝鮮も、崩壊の恐怖におののいていた。

北朝鮮は、国際的に追い詰められると南北対話を再開した。事態が好転すると、対話を中断した。これを私は、北朝鮮の「振り子外交」と名付けている。

一九七〇年代に、北朝鮮を南北対話と日朝正常化に戦略転換させたのは、米中和解という中国の背信であった。中国に捨てられ裏切られたとの危機感が、南北対話を実現した。

同じように、一九九〇年の南北対話再開のきっかけは、ソ連の裏切りであった。

この北朝鮮の対応からは、一つのセオリーが導き出せる。北朝鮮は同盟国に裏切られると、南北対話と日朝正常化に向かう。

この北朝鮮外交の「行動パターン」を知っていたら、日本は「バスに乗り遅れる」と、あわてることはなかった。待っていても、北朝鮮から頭を下げて来たのである。

北朝鮮は、困り果てたときに南北対話を再開し日本に接近する、と判断すべきであった。ところが、日本では何も知らない政治家たちが「バスに乗り遅れる」と主張した。訪朝団の実現と、それへの参加に血道をあげた。

北朝鮮の代表団は、金丸訪朝のおよそ二十日前に韓国入りしていた。南北首相会談が、行われた。韓国では、北朝鮮高官たちを韓国側のカウンター・パートと、二人だけで乗用車に乗せた。北朝鮮高官の本音が聞けるからだ。

北朝鮮側の監視人がいないことに安心したのか、高官たちは次のような会話を交わした。当時、大統領府にいた金学俊《キム・ハクチユン》東亜日報社長の証言である。

「南は、本気で北を吸収統一するつもりなんですか」

「いや、吸収統一するつもりは、いまのところありません。平和的に統一すべきです」

「もし、北が南に吸収統一されるときには、私の家族の面倒を見てください。逆に、南が北に統一されるときには、あなたの家族の面倒を私が見ましょう」

北朝鮮の幹部たちは、崩壊を真剣に恐れていた。この北朝鮮高官の言葉から、当時の平壌の雰囲気が十分に読み取れる。北朝鮮は、韓国が吸収統一するつもりかどうかを探りに来たのだった。

日本政府と自民党の政治家たちは、北朝鮮が直面する危機に気がつかなかった。北朝鮮の策略に乗せられた。特に、拉致被害者救出という日本国民の命を守る問題にまったく触れず、要求もしなかった。これは、犯罪的であるというしかない。

金丸訪朝団が平壌入りした時には、北朝鮮はソ連に裏切られ同盟の解体を告げられていた。日本に頼るしか道はなかった。それを日本側は、知らなかった。拉致被害者救出の要求を突きつける、絶好の機会だったのに、情報戦では、完敗であった。

北朝鮮をめぐる国際状況について、情報をきちんと入手していたら、日本は、何も北朝鮮に頭を下げ正常化をお願いする必要はなかった。拉致問題についても、この時に明確に発言していたら、事態は大きく変わっていた。北朝鮮は、応じざるを得なかった。

北朝鮮の高官たちは、拉致問題を金日成主席に持ち出さないよう要請するはずだ。しかし、日本の政治家なら、そんな要請を受けるべきではない。

遠慮することなく、はっきり言うべきことを言う姿勢が、日本の政治家と外交官には欠けていた。拉致された国民の命を救い、国民に利益をもたらすことが「国益」であるとの意識と使命感に欠けていた。こう言われても、しかたがないだろう。

現代における「国益」とは、「国家の利益」ではなく「国民の利益」である。この国際感覚がなかった。

北朝鮮は、社会党の政治家たちを手先としたうえ、自民党内にも北朝鮮の言いなりになる政治家を獲得した。金丸訪朝団は、北朝鮮の工作機関に自民党への工作の道を開いた。

ソ朝同盟の崩壊

金丸訪朝団が平壌入りする直前の国際関係を整理すると、次のようになる。この国際情勢の変化と、北朝鮮が直面する危機を理解していたら、「お願い」外交をする必要はなかった。

一九八九年
六月四日　中国で天安門事件が起きる
一二月二日〜三日　マルタ島での米ソ首脳会談で冷戦終了
一二月二五日　チャウシェスク・ルーマニア大統領夫妻処刑
一九九〇年
六月四日　ソ連のゴルバチョフ大統領、韓国との国交正常化に合意
九月二日〜三日　シェワルナゼソ連外相平壌入り
九月五日〜六日　南北首相会談
九月一一日〜一二日　中朝首脳会談
九月二四日〜二八日　金丸・元副総理らの訪朝

金丸訪朝以前の、北朝鮮を取り巻く国際環境を冷静にみていれば、北朝鮮が困り果てている様子が理解できたはずである。

ところが、日本の政治家たちは、そうは考えなかった。「日本乗り遅れ論」が、政治家はもとより外務省、マスコミ、世論を支配した。金丸訪朝に関する記事は、いま読み返してみると問題があるといわざるをえない。

国交正常化交渉への合意が、大きく報じられていた。

「急ぐ必要はない」「はっきり物を言うべきだ」「拉致と核問題の解決をせまるべきだ」といった論調は見られない。だが、さすがに「戦後の償い」を合意したことへの批判は強かった。

日本は、ソ連のシェワルナゼ外相の平壌訪問と、その会談の意味を理解できなかった。シェワルナゼ外相は、韓国との国交正常化を通告にきたのであった。朝ソ同盟の終わりであった。

金丸訪朝団は、追い詰められた北朝鮮の状況にまったく気がつかなかった。戦略も駆け引きも、国益と外交も考慮せずに、気前よく救いの手を差し伸べたのである。

シェワルナゼ外相の北朝鮮入りの意味を、日本政府と政治家は真剣に分析すべきであった。そうすれば、対応は変わっていただろう。シェワルナゼ外相に、北朝鮮は核開発の意向を明言していたのだから。

オーバードーファー元ワシントン・ポスト記者によると、シェワルナゼ外相の訪問は驚くべきやり取りになった（『二つのコリア』共同通信社）。

シェワルナゼ外相は、九月二日に特別機で平壌入りした。着陸は無謀と思われるほどの悪天候であった。だが、平壌入りを延期する時間的余裕はなかった。金日成主席に、韓国との国交正常化を納得してもらう必要があった。

到着後、直ちにキム・ヨンナム外相と単独の会談が行われた。

シェワルナゼ外相は、韓国と一九九一年一月一日から国交正常化する方針を、伝えた。北朝鮮にとっても、決して悪いことではないと強調した。韓国を説得し、在韓米軍の撤退を実現できる。核兵器も撤去させる、と述べた。

キム・ヨンナム外相は「二つの朝鮮を認め、分断を固定化することになる」と反論した。激しい口調で「朝鮮とソ連の同盟関係を悪化させることになる」と非難した。

キム・ヨンナム外相は、自分の考えのない幹部である、と平壌では言われる。金日成主席の意向をいち早く把握し、その通りに発言する人物である。この日の発言も、事前に主席の許可を得たものであった。

テーブルの上には、三つのマイクが置かれていた。一つは金日成主席の執務室に、もう一つは金正日書記の執務室につながっていた。二人の指導者の監視の下で、交渉は行われた。キム・ヨンナム外相は、シェワルナゼ外相よりも、このマイクに向かってしゃべっているように思えた。

その後の全体会議で、キム・ヨンナム外相はさらに激しくソ連を非難した。マイクの向こうの指導者を満足させるように、厳しくしかりつける口調であった。

「韓国との正常化は、分断固定化の陰謀に手を貸す行為だ。また、ドイツ方式での韓国への吸収統一を促進することになる」

さらに、ソ連に脅しをかけた。

「北朝鮮は、ソ連からの独立を望むバルト諸国やカザフスタンなどの国家を承認する」

最後に決定的な言葉を口にした。

「韓国との正常化は、朝ソ友好協力相互援助条約に基づく同盟関係を崩壊させることになる。核兵器を開発しないとのソ連への約束は解消される」

シェワルナゼ外相は、これまで味わったことのない屈辱に、はらわたが煮えくり返る思いであった。それでも、耐えた。

翌日の会談で、シェワルナゼ外相は反論した。

「核兵器を開発すれば、国際社会との関係は悪化する。止めたほうがいい」

改めてソ連の立場を伝え、金日成主席との会談を求めた。キム・ヨンナム外相は、拒否した。

シェワルナゼ外相は、怒りに震えていた。予定を変更し、その日のうちに平壌を後にした。

この日から二十七日後の九月三〇日に、私は国連総会に出席するためニューヨークに来ていたシェワルナゼ外相を目の前で見た。私は、国連総会と韓ソ外相会談取材のため、ニューヨークにいた。シェワルナゼ外相の怒りは治まっていなかった。

韓国とソ連の外相は、国交正常化に関する共同声明を発表する予定だった。事前のブリーフィングでは、翌年の一月一日から国交正常化することになっていた。韓国側は、九月三〇日からの国交正常化に踏み切ろうと、申し入れていた。当日まで、シェワルナゼ外相からの返事はなかった。

ところが、当日になってシェワルナゼ外相が、この提案を受け入れた。署名のため両外相の前に置かれた文書には、「一九九一年一月一日から国交正常化する」と印刷されていた。

署名の席に座ったシェワルナゼ外相は、自分の万年筆でこの日付を「一九九〇年九月三〇日」と書き直したのだった。署名即日にソ韓の国交正常化が、あっけなく実現した。韓国は、ソ連との国交正常化を実現するために、何年もの時間をかけていた。しかし、実現は一瞬であった。

平壌で味わった屈辱に対する、シェワルナゼ外相の仕返しであった。国際政治は、プレーヤーたちの感情や個人関係にしばしば影響される。その代表的なケースであった。

シェワルナゼ外相は、一ヵ月近くたっても、北朝鮮の扱いに怒っていたわけだ。

シェワルナゼ外相は、平壌訪問を終えた足で東京に向かった。四日に東京に到着し、日ソ外相会議に臨んだ。同行のソ連外交官に、日本の外務省は、平壌での会議の内容を詳しく、聞いた。だが、決定的な「核開発」発言については、ソ連も教えてくれなかった。また、北朝鮮の苦境は実感できなかったようだ。

金丸信・元副総理は、シェワルナゼ外相の訪朝内容や、南北首相会談についてまったく知らなかった。関心がなかった、というべきだろう。ソ朝外相会談のせっかくの情報を生かせなかった。韓国側に、事前に接触もしなかった。国会対策で生きてきた政治家に、国際問題や外交についての理解を期待するのは無理なのだ。

米国は、この時すでに北朝鮮の核開発疑惑を、日韓両国に伝えていた。使用済み核燃料の再処理施設と思われる建物を、発見していた。北朝鮮が保有する小さな実験用原子炉であれば、使用済み核燃料の再処理施設はいらない。ということは、核開発を目指しているのは、間違いなかった。

北朝鮮は、使用済み核燃料再処理で得られる核兵器用の純度の高いプルトニウムの製造を、目指していた。プルトニウムは、核兵器開発には欠かせない物質である。北朝鮮は、核開発を推進しているとの結論に達した。偵察衛星の写真も、日本政府に提示していた。

もう一つ、アメリカが北朝鮮の核開発を確信した理由があった。ミサイル開発である。北朝鮮は、すでに中距離の「ノドン」ミサイルを配備していた。

実は、核開発はミサイルなしには意味がない。いくら核兵器を作っても、運搬手段のミサイルがなければ、核攻撃はできない。ミサイルを開発したうえ、プルトニウムを生産した。これは、間違いなく核開発を推進している証拠であった。

北朝鮮が核兵器を保有し、核技術を中東諸国へ売却する恐れがあった。そうなれば、世界は核拡散の時代を迎える。米国は、冷戦崩壊後の核拡散を懸念していた。

一方、日本の政治家には、国際社会への責任と使命という意識は、薄かった。日本の政治家は、北朝鮮利権に関心を集中した。日本が核開発の中止を求めずに国交正常化すれば、日米同盟が危機に直面するとの理解もなかった。拉致被害者を救出するという、使命感のかけらもなかった。

これは、国会対策的な政治と外交の限界である。政治家には、社会正義と国際的な正義を推進する使命がある、との認識に欠けていた。だから、北朝鮮の指導者に核開発の中止を求めなかった。これが、米国の怒りを買った。

金丸信・元副総理は、米国と韓国から厳しい批判を受けた。訪朝団には、逆風が吹いた。

小泉訪朝から、ちょうど十二年前の出来事であった。この教訓を日本政府は、十分に理解していなかったのだろうか。

ファン・チョルの栄華

金丸訪朝団が帰国すると、ファン・チョルの名前は日本の政界と新聞記者の間で、「北朝鮮へのパイプ」として知られるようになった。利権をもとめる政治家や北朝鮮取材を狙う新聞記者が、頻繁に電話をかけた。

ただの「通訳」を、金日成主席の側近であると、勘違いした。彼は、日本からの連絡の多さを、工作の成功と宣伝した。抱えきれないほどの日本人の名詞の束を持ち歩き、見せびらかした。

ファン・チョルは、「日本人は、私の言うことなら聞きます」と語って回った。

これに目をつけたのが、キム・ヨンスン書記であった。キム・ヨンスン書記は、当時から外国人に会うと「金正日書記のナンバー1の側近」と自分で言う人物であった。また、「私に言えば、必ず金正日書記に伝わります」と、明言した。

一九九二年にニューヨークで行われた初の米朝高官会談でも、キム・ヨンスン書記はこの言葉を使った。米側のカンター国務次官に「金正日書記のナンバー1の側近」と、自分について語った。米国は、この言葉に引っかからなかった。米国の要求を、金日成主席に正直に伝えたかを、チェックした。実は、ウソの報告をあげていた事実が、確認された。米国が要求した南北対話再開を、金日成主席に伝えていなかった。

日本では、米国とは様相を異にした。多くの日本の政治家や新聞記者たちが、キム・ヨンスン書記の「ウソ」に引っかかった。「国会対策」的手法は、相手の国の「実力者」を探す。金日成主席と金正日書記につながる実力者に話を通せば、すべてが解決すると思うのだ。ところが、北朝鮮のような国では「実力者」は存在できない、という現実が理解できない。

側近や実力者であっても、金正日総書記に都合の悪い話はできない。そんなことを言ったら、すぐクビになる。だから、北朝鮮の高官たちは都合のいい「ウソ」をつく名人たちなのだ。

だいたい、どこの国であれ自分を「後継者のナンバー1の側近」という人物は、信用できない。これは、取材の常識である。

平壌では、キム・ヨンスン書記のこうした発言についての小話も作られた。

「金正日書記のナンバー1の側近がいるとの噂を聞いて、書記が関心をよせられた。何と言ったか、知っているか」

「書記にナンバー1の側近がいるなら私（金正日書記）も会ってみたい、とおっしゃった」

この小話には、平壌の関係者しか知らない裏話がある。キム・ヨンスン書記は、日本では「最大の実力者」とされた。だが、平壌の指導層の間では「あいつとだけは仕事をしたくない奸臣《かんしん》」と言われていた。「人の成功を横取りし、自分の失敗を人に押し付ける人物」として、高官たちに嫌われていた。

そのうえ、日本の政治家と外務省の担当者は、キム・ヨンスン書記が危機的な状況に直面していた事実を、まったく知らなかった。彼は、金日成主席に「あいつは信用できない。はずせ」と言われ、降格させられていた。政治局員候補の肩書きを失った。そのうえ、秘密警察の監視対象になっていた。

私は、外務省のノンキャリの担当者たちに、一九九七年頃から「キム・ヨンスンはあぶない」と伝えたが、誰も信用しなかった。

「キム・ヨンスン以外にいないでしょう」と言うばかりで、自分たちが知らない事実が存在するという情報収集の原則を、わきまえていなかった。

このキム・ヨンスン書記に、ファン・チョルは登用された。九四年頃に、対外文化連絡協会から党の工作機関である「統一戦線部」に異動した。三段階特進の出世であった。対外文化連絡協会の先輩や同僚を置き去りにした。党の工作機関への転出は大出世であった。先輩格の宋日昊《ソン・イルホ》指導員(二〇〇六年から日朝交渉大使)らは、冷や飯を食わされる結果になった。

この背景にあったのは、キム・ヨンスン書記が「統一戦線部」担当の書記に出世したことであった。統一戦線部は、本来は韓国への「対南工作」を行う部局である。労働党所属の工作機関として、当時は最大の規模と要員を抱えていた。韓国の政治家や官僚、新聞記者、警官、軍人などを「包摂」し、秘密組織を構築する仕事をしていた。

キム・ヨンスンは、この対南工作に加え、対日と対米工作にも権限を拡大した。当然、外務省や党国際部と縄張りをめぐる争いが起きる。これに勝つために、「日本は統一戦線部と交渉したがっている」との証拠が必要になった。

この役割を担わされたのが、自民党の実力者であった。ファン・チョルが、この工作を担当した。自民党の実力者が意識していたかどうかはともかく、工作に利用されたのは間違いない。

「統一戦線部」の職員は、所属を外国人に教えてはいけないことになっている。このため、ファン・チョルの対外的な肩書きは、「アジア太平洋平和委員会」という民間団体の幹部とされた。日本の新聞は、当時から「アジア太平洋平和委員会」の名前や肩書きを頻繁に報じた。

だが、この団体は事務所も実体もない幽霊団体であった。存在したのは名前だけで、誰も事務所を見た人はいなかった。工作機関「統一戦線部」の隠れ蓑として使われた。

ファン・チョルをキム・ヨンスン書記の代理として重用したのは、北朝鮮に近いといわれた自民党の実力者であった。この実力者は、金丸訪朝団に参加した後に、建設企業の代表団を率いて平壌を訪問した。建設企業は、日朝正常化後のプロジェクトの各企業への配分に、関心を寄せた。政治家は、受注の斡旋を利用した政治資金獲得が目的であった。

この実力者が平壌のホテルで行った演説のメモを、警察は今もなお保管している。同行した建設企業職員のメモである。何を語ったのか。

一言で言えば、自分を通さないと北朝鮮では仕事はもらえない、という意味の発言であった。これが、北朝鮮利権の実態である。

日朝正常化促進や北朝鮮への人道支援の「美名」を掲げながら、政治資金に狙いを定めていたというしかない事実も指摘されている。

二〇〇〇年に北朝鮮への五十万トンのコメ支援が実行された。日本の商社が保有するコメ専用船のチャーターに、自民党実力者の側近が走り回った。船賃から、資金を捻出《ねんしゅつ》しようと考えたのだ。幸か不幸か、北朝鮮が自国の貨物船を出すことになり、この企みは成功しなかった。政治家は、一般国民が予想もしないところから、資金を手に入れようとしていた。

こんなこともあった。一九九〇年代の中ごろ、北朝鮮に対する未払い貿易債権を抱える企業の団体が、関連企業を引き連れて視察に行った。北朝鮮が日本の企業に支払っていない貿易代金は、一千億円を超える膨大な金額である。参加した商社や建設企業の目的は、北朝鮮の産業の実態を知ることで、どのような需要や注文が将来可能になるかの調査であった。

北朝鮮から帰国すると、自民党の実力者から、すぐに事務所に来るようにとの連絡が入っていた。団体の幹部が恐る恐る事務所を訪ねた。部屋に入ったとたん「誰に断って企業を連れて北朝鮮に行った。なぜ事前に連絡しなかったのか」と、怒鳴られた。

外務省関係者によると、この自民党実力者は外務省のアジア局幹部らに、ファン・チョルと交渉するように、しばしば指示した。外務省の外交官が、工作機関の職員と外交交渉をするのは、外交の本道を外れた行為である。政治家には、それがわからなかった。

外交の権限と責任を与えられていない政治家(民間人)が、外務省に指示し、交渉に関わった。わが国の「国会対策的外交」の悪習である。

外交は、外交と交渉の権限を与えられている政治家と外交官が行うものだ。外交と交渉の二元化は、北朝鮮のような国を相手にするときは、極めて危険である。相手は、工作国家であるからだ。工作機関は、外交を目的にしていない。だから、平気でウソをつき相手を騙し、自分たちの目的達成のために利用する。

一方、外交官は「ウソをつかない」ことが、原則である。駆け引きや策略、情報の入手は徹底して行うが、交渉や約束事では決してウソをついてはならない。そうでないと、相手は信用しない。信用できない相手と、譲歩や合意はできないのである。

工作とは、目的のためには手段を選ばない活動である。また、相手を混乱させ弱体化させることを、目的にする。だから、日米同盟や協力関係を揺さぶる作戦を展開する。

外交の目的は、妥協と譲歩である。そのために、熾烈な駆け引きと交渉が展開される。外交官同士の信頼関係が失われると、交渉は成立しない。だから、ウソをついたり騙したりする行為は、外交にとってマイナスになる。

現代のような情報時代の外交では、ウソはすぐに暴露される。瞬時にして情報が世界を回る。いくらウソをついても、すぐに検証される。相手国から、情報が出るからだ。ウソは、たちまちバレてしまう。

日朝首脳会談の立役者とされたアジア大洋州局長は、取材記者の間で「平気でウソをつく外交官」と言われた。新聞記者がウソを責めると「外交官は、国益のためにはウソをついてもかまわない」と言った、という逸話を残している。これは、とんでもない話である。現代外交の意味をまったく理解していないことになる。

現代の外交は、国民の支持なしには推進できない。日朝首脳会談後の拉致問題への国民の怒りは、この事実を雄弁に物語っている。国民の支持を得るために、国民をミスリードしてはいけない。外交官は納税者である国民に対して、外交の方向を誤らせない責任を負っているのだ。

米国ではウソをついた外交官や政治家、官僚は即刻「クビ」になる。どうしても言えない場合には「話せない」と言うか、「今は言えない」と言うのが各国の外交官の常識である。ウソをついてはいけない。私が取材で親しくなった北朝鮮の外交官は、みな正直だった。ウソは決してつかなかった。外交官の役割と倫理をよくわきまえていた。

ところが、北朝鮮の工作機関関係者たちは平気でウソをつく。

工作機関のエージェントであるファン・チョルも、よくウソをついた。ところが、自民党実力者の協力を得ることになった。この結果、外交官でないにもかかわらず、日朝正常化交渉の副団長格として、交渉に加わった。本来なら、日本側は交渉の相手として拒否すべきであった。それができなかった。自民党の実力者が、これを後押しした。

一九九七年の日朝赤十字会談で、外務省アジア局審議官カウンターパートに、ファン・チョルを出したいと北朝鮮側は提案した。ファン・チョルは、課長にもなっていない。とんでもない話である。ところが、アジア局審議官は、簡単にオーケーをした。この結果、課長にもなっていないファン・チョルが日朝交渉では局長の相手になった。日本の外務省が、認めたからである。

外務省は、工作機関の課長にもなっていない人物を、局長級と認定してしまった。これでは、北朝鮮外務省の面子は丸つぶれである。それが、この時のアジア局審議官にはわからなかった。

米政府は、米朝交渉に統一戦線部の関係者が参加することを、断固として拒否した。この結果、北朝鮮外務省と国務省の外交官の間で、交渉が続けられたのである。

日本側が、ファン・チョルを局長級の交渉相手と認めたことから、工作機関の「統一戦線部」が対日外交に乗り出した。こうして、北朝鮮の外務省は手が出せなくなった。また、外務省から日本担当の専門家が姿を消した。この結果、対日外交は「工作」に道を譲ることになった。

北朝鮮の外務省が手を出そうとすると、ファン・チョルが「日本の外務省は、自分を交渉相手にしている」と主張した。こう言われると、北朝鮮の外務省としては反論できない。相手は、泣く子も黙る「統一戦線部」なのだ。

こうして、ファン・チョルは日朝赤十字会談や日朝接触・交渉に、堂々と「高官」として登場した。日本のアジア局長のカウンター・パートとして、日本側が認めてしまった。明らかに「外交敗北」であった。下っ端を「高官」として扱ったのである。情報収集の敗北であった。

ファン・チョルの地位は、「統一戦線部」では古参の指導員か副課長程度であった。課長ではなかった。それに、日本側は局長と同じ待遇を与えた。コメディーというしかなかった。

この結果、日本は外交でなく工作の対象になることを、自ら選んでしまった。「外交」が、主役の座を「工作」に明け渡したのである。これが、その後の日朝関係をいびつなものにした。拉致問題の解決と、正常化を遅らせる最大の原因になった。

ファン・チョルとキム・ヨンスンの没落

ファン・チョルは、二〇〇〇年八月に東京で行われた日朝交渉に、副団長格で参加した。ところが、交渉の冒頭に姿をみせただけで、姿を消した。

警察や公安当局が、ファン・チョルの東京での行動を尾行した。ファン・チョルは政治家や朝鮮総連幹部、北朝鮮のエージェントと見られる人物たちと密かに接触していた。奇妙なことに、数ヵ所の金融機関にも立ち寄った。

ファン・チョルは、宿舎のホテルに、大きなボストンバッグを持ちこんだ。当初は、中身はないようにみえた。ところが、たちまちこのボストンバッグが一杯に膨れ上がった。バッグの中身を見届けた人物によると、現金がぎっしり詰まっていた。

ファン・チョルの部屋を監視していた関係者は、こう語った。

「マスコミもひどいですね。現金をファン・チョルに手渡す記者さんも、少なくありません。まさかと思うような社と人物が、出入りしていました」

この交渉では、拉致問題や正常化についての進展はなかった。北朝鮮側は、さかんに正常化後の経済協力資金の金額について、聞きたがった。日本側は、拉致問題が進展しないと提示できない、と突っぱねた。

それでも、日本側の首席代表から「拉致問題で、次回までに何らかの進展があったと認められる対応をしてくれれば、金額の交渉に入る用意はある」との言質を取り付けた。ファン・チョルと鄭泰和《チョン・テファ》首席代表は、「お土産ができた」と喜んで帰っていった。

ファン・チョルのボストンバッグには、後日談がある。

帰国の日に成田空港に現れたファン・チョルのボストンバッグには、何も入っていなかった。一杯に詰められた現金は、どこに行ったのか。

これを疑問に思ったのは、日本の警察だけではなかった。北朝鮮の秘密警察「国家安全保衛部」も、重大な関心を寄せた。帰国したチョン・テファ首席代表とファン・チョルを待っていたのは、「国家安全保衛部」の過酷な取調べであった。

実は、北朝鮮の代表団の中には、必ず国家安全保衛部の担当者がまぎれこんでいる。北朝鮮側の団員も、誰であるかは知らない。この国家安全保衛部員が、代表団の行動を一人ひとりチェックし、帰国後に報告する。

二人は、日本での言動を疑われ徹底して調べられた。チョン・テファ首席代表は、四ヵ月後の一二月に北京で行われた日朝正常化交渉に、力のない様子で現れた。足を引きずり、体調がよくないことが一目でわかった。ファン・チョルは、姿を見せなかった。日本側の首席代表が理由を聞いたが、話をそらした。それでも、誰もいない時にこっそり、日本側の首席代表に「死ぬほどの目に遭った。首席代表を解任されると思った」と、声をひそめて語った。

実は、秘密警察が本当に狙っていたのは、ファン・チョルであった。この時すでに、彼と親分のキム・ヨンスン書記は秘密警察の監視対象になっていた。多額の秘密資金の隠匿と、軍幹部を巻き込んだ「秘密組織結成」の疑いをかけられていた。また、旧ソ連とロシアのスパイではないかとの疑いもあった。

これについて、私には忘れられないことがある。

キム・ヨンスン書記の言動は、常日頃から傍若無人であった。金日成主席の国葬で、金正日総書記の妹の金敬姫《キム・ギョンヒ》女史に寄り添うように立つ姿は、異常であった。平壌の高官たちの批判をあびた。彼は、金日成ファミリーの家族でも親戚でもない。何かある、と感じた。

それまでの彼の言動は、すべてを自分が取り仕切っているような雰囲気を意図的に漂わせていた。日本の記者との会見や、韓国人との対話などを詳細に検討すると、新聞記者のカンだが、何かがおかしかった。対日、対南、対米工作では失敗の連続なのに、責任を問われなかった。

ある日、ふっと考えが浮かんだ。金正日総書記の死を予定して、権力を乗っ取る「第二グループ」を形成しているのではないか。金正日総書記の妹で実力者のキム・ギョンヒ女史に、万が一の場合は私が後継問題を含めきちんと処理します、安心してくださいと取り入っているのでは。そうであれば、総書記の許可をもらったと言って、勝手なことをしても誰もとがめない。

しばらくして、決定的な話が伝わってきた。キム・ヨンスン書記が、金正日総書記の長男の金正男《キム・ジョンナム》氏を使って、自分に反抗しそうな有能な人物を多数処刑させたという。キム・ジョンナム氏は、九〇年代の後半に、最大の権限を持つ秘密警察「保衛司令部」の事実上の司令官の地位にあった。その時に、余りにも多くの人物を逮捕・処刑したというのだった。

私は、北朝鮮の公安当局の幹部と親しい人物に、「キム・ヨンスン書記は、間違いなく第二勢力を組織している。北朝鮮の秘密警察幹部に聞いてみたらどうだ」と伝えた。しばらくして平壌から帰ってきたこの人物は、「大変な目に遭いました」という。

「キム・ヨンスンが第二勢力を形成しているのではないかと、親しい国家安全保衛部の幹部に酒の席で話したら、『何でお前が知っているのか』と問い詰められました。向こうは、すでに知っていましたよ。誰から聞いたのかと、厳しく問い詰められましたよ。『何でわかるのか』と、首を傾《かし》げていました」

ファン・チョルは、この調査の後しばらくして姿をみせなくなった。二〇〇一年の春から夏にかけて、数回の調査を受けたとの情報が届いた。その後、消息はプッツリ途絶えた。また、キム・ヨンスン書記も、統一戦線部担当をはずされた。キム・ヨンスン書記が、責任をすべてファン・チョルに押し付けて、自分だけ助かったとの観測が流れた。

キム・ヨンスン書記は、海外に多額の秘密口座や資産を隠していた。特に、日本や韓国から金正日総書記に送られた秘密資金の一部を、途中で自分の懐に入れていた。ネコババした資金は、数億ドルにも達した。ところが、その預け先がわからなかった。誰か、金庫番がいるはずなのだ。

この時期、自民党の実力者や外務省は、ファン・チョルとキム・ヨンスン書記に何度も連絡を取ろうとした。だが、教えられていた電話番号には、誰も出なくなった。キム・ヨンスン書記は、日本の政治家との接触を禁止された。日本では、彼がそれほど危機的な状況にあるとは、想像すらしなかった。

それまで、自民党の実力者をはじめ、日本の政治家はキム・ヨンスン書記に競って接触しようとした。渡辺訪朝団、森訪朝団、与党三党訪朝団、村山訪朝団など、いずれも話し合いの相手はキム・ヨンスン書記であった。

村山訪朝団は、一九九九年一二月に多量のコメ支援を約束をしたうえに、国交正常化交渉再開に合意した。この時の外務省幹部もひどかった。正常化交渉の再開は、すでに外交チャンネルで合意していた。それなのに、自民党の実力者に花を持たせようとした。この実力者の指示で、村山訪朝団を演出した。

この訪朝団を裏で仕切ったのは、キム・ヨンスン書記と親しい自民党の実力者であった。日朝の外務省同士で事を運ばれては、この実力者とキム・ヨンスン書記の影響力が失われる。政治家が仕切ったとの芝居を打つために、村山富市元首相を引っ張り出したのである。外交と国益への配慮は、まったくなかったというしかない。

村山訪朝団については、こんな事件もあった。

村山訪朝団に同行する予定の毎日新聞の政治部記者から、自民党実力者の事務所から「同行させないと言っている」との知らせが来た。「毎日の社説が悪いから、ビザが下りない」と脅している、という。

社説は、私が書いていた。もちろん論説の会議を経て、論議したうえで書いた。新聞社では、論説室ほどに言論の自由が確立され、活発に論議する部署はない。毎日新聞の論説室ほど、自由で闊達な論議をする場所もなかった。

私は論説の会議で北朝鮮の工作機関について説明し、社説に書くことが了承された。自民党の実力者が北朝鮮の工作機関「統一戦線部」の責任者と交渉するのは問題だ、と指摘し続けた。日本の新聞が「統一戦線部」の名前を報じたのは、これが初めてであった。この社説の内容と「統一戦線部」を明記したことが、気に食わなかったのだ。

私は政治部の記者に、「同行させないのなら、同行させなかったと名指しで批判の社説を書くから」と、伝えさせた。出発直前になって同行が認められた。いやがらせである。実力者と言われる割には、人間が小さい。姑息《こそく》なことをすると思った。

自由民主党を名乗っているのに、民主主義が何であるかをまったく理解していないのだ。民主主義の根幹は、表現の自由と報道の自由である。報道の自由を尊重しない政治家は、自由民主党に所属する資格はない。

この実力者の親分であった田中角栄元首相は、新聞にどんなに悪い記事を書かれても文句を言わなかった。中曽根康弘元首相には、批判的な記事を書いた新聞記者に「いい記事を書いてくれた」と言った、との逸話が残っている。かつての政治家は、報道の自由と民主主義の意味を十分に理解していた。

村山訪朝団の合意に従い、直ちに十万トンのコメが支援された。その後、さらに五十万トンのコメ支援をした。だが、拉致問題はまったく解決しなかった。五十万トンのコメは、一千億円を超える金額になる。コメ支援を決定したのは、当時の河野洋平外相であった。何らかの政治的圧力か取引があったと考えるのが、自然だろう。

訪朝団の受け入れは、キム・ヨンスン書記が自分の地位保全と出世のために行っていた事実を、日本側は知らなかった。日本からの訪朝団の入国は、金正日総書記の許可を必要とする。

キム・ヨンスン書記は、政治家の訪朝団を入国させる度に、「百万トンのコメを取り付けます」と、金正日総書記に約束し続けていた。しかし、いくら自民党の実力者でも、そんな大規模なコメ支援は難しい。それでもキム・ヨンスン書記は、「助けてください。百万トンのコメが来ないと困る」と、訴えていた。その結果が、二〇〇〇年一〇月の五十万トンのコメ支援であった。

コメはキム・ヨンスン書記の生き残りのために使われた。それでも、彼は生き残れなかった。百万トンのコメが来なかったのだから、指導者にウソをついたことになるからだ。

キム・ヨンスン書記は、一九九七年頃から失政の責任を問われ、更迭されかねない状況にあった。これを回避するために、自民党実力者に「百万トンのコメが必要だ」と求め続けたのである。

金正日総書記には「日本から百万トンのコメが来ます」といい続けた。

キム・ヨンスン書記の死亡が報じられたのは、二〇〇三年の一〇月だった。長い入院の後死亡した、と発表された。真実は、六月に交通事故を起こし意識が回復しないまま、死亡したのだった。

本人は「金正日総書記の側近ナンバー1」と豪語していたのに、総書記は一度も病院に見舞いに行かなかった。また、現職の書記であったにもかかわらず、党による葬儀は行われなかった。家族葬となった。総書記が花輪を届けたと報じられた。これは、考えられないほど冷淡な扱いである。金正日総書記と党にとって、極めて不愉快な事件を起こしていたと考えて間違いないだろう。

ミスターXの栄光と退場

キム・ヨンスン書記とファン・チョルの退場に続いて登場したのが、ミスターXであった。日本との交渉の権限を、金正日総書記から新たに与えられた。Xについては、第四章でさらに詳しく説明したい。

Xからの連絡を受け、外務省の北東アジア課長は、二〇〇一年の秋に中国に飛んだ。会ってみると、精悍な顔つきで力のある信用できそうな人物に見えた。

Xは、「金正日将軍の指示で、自分が日本との連絡と交渉を担当することになった高官である」と説明した。名前と肩書きは名乗ったが、絶対に公表しないでほしい、という。「自分は金正日将軍の直接の指示を受けている。将軍に直接報告できる」と述べた。真剣な様子が、感じられた。
北東アジア課長の報告を受けた当時のアジア大洋州局長は、ファン・チョルと親しかったため
か、意欲を示さなかったという。後任の局長が、強い関心を寄せた。
会ってみると、間違いなく権限を有する実力者のように見えた。だが、にわかに信用するわけに
はいかない。金正日総書記に、日本側の意向を直接伝えられる人物でなければ、意味がない。
その力を、テストすることにした。
当時、元日本経済新聞記者が、北朝鮮に拘束されていた。彼の釈放を求めてみた。北朝鮮側はそ
れまで「帰すのは可能だが、滞在費を支払ってほしい。数千万円になる」と要求していた。この元
記者は、二〇〇二年二月一二日に釈放された。外務省が機密費から「滞在費を捻出した」との情報
が流れた。
Xもまた、日本側の担当局長の小泉首相への影響力を試した。Xは、日本の警察当局が進めてい
た朝鮮総連傘下の「朝銀」の不正融資に関する捜査に、強い関心を示した。捜査はどこまでいくの
か。朝鮮総連の最高実力者は、逮捕されるのか。
Xは、総連本部の家宅捜索や最高実力者の逮捕を、避けられないかと聞いた。元日本経済新聞記
者の帰国との交換条件であることは、明らかだった。
当時、北朝鮮側は何に関心を寄せていたのか。主要紙がベタ記事で、日朝の実務接触で「朝銀」
と総連の問題が話し合われた、と報じた。この重要な記事は、注目されることはなかった。取材記

者がその意味を理解していたら、一面で報じてもおかしくないトクダネ記事だった。

この記事は、北朝鮮側が朝鮮総連への捜索と最高実力者の逮捕問題で、担当局長の実力をテストしようとした事実を示唆していた。北朝鮮側の幹部によると、二人の間では、次のような会話が交わされたという。

担当局長は、日本の官僚の力を力説した。

「北朝鮮が日朝正常化交渉で失敗したのは、政治家に頼んだからである。日本では官僚が力を持っている。私のような力のある官僚に頼まないと、日朝正常化の問題は解決しない」

さらに、自分がいかに力のある官僚であるかを強調した。

「小泉首相も、私が動かしている。日本では官僚が政治を動かしているのだ。私のような官僚が動けば、問題を解決できる」

当時、関西では「朝銀」の不正融資事件が相次いで摘発された。取調べを受けた「朝銀」関係者や、借り入れに名前を貸した在日の多くが、朝鮮総連の最高実力者の名前をあげた。他人の名義で借り入れた資金が、朝鮮総連に渡っていた。RCC（整理回収機構）の調査に、総連側もその事実を一部認めた。

関係者の証言は、朝鮮総連最高実力者による違法行為を明らかにしていた。また、警察はその証拠も収集した。逮捕は時間の問題とみられた。この最高実力者が、米国とカナダに亡命を求めたとの噂も流れた。

だが、なぜか時間だけが過ぎた。最後に、朝鮮総連本部に対する形だけの家宅捜索が行われ、事件は収束した。取材の常識からは、明らかに何らかの政治介入があった、とみるべきだろう。

当時、北朝鮮首脳部は別に関西の大物商工人を通じて、「責任副議長を逮捕しないように働きかけよ」と指示していた。最高実力者は逮捕されなかった。Xの頼みが聞かれたのか、大物商工人の働きかけが効を奏したのかは明らかではない。ともかくも、結果的にはアジア大洋州局長はその力をXに誇示した。

Xは、担当局長に絶大な信頼を寄せた。当時Xは、平壌の幹部に次のように述べていた。

「彼はすごい実力者だ。小泉を動かしている」

なぜXは、対日交渉に乗り出したのか。彼は、日朝正常化交渉を監視し、金正日総書記に報告する責任者であった。北朝鮮の外交代表団には、必ず国家安全保衛部の要員が密かに混じっている。代表団員の言動をチェックし、報告する。Xは、あがってきた報告を金正日総書記に直接伝える立場にいた。

Xは、キム・ヨンスンとファン・チョルによる行動と利権を、徹底して洗った。彼らの不正を報告すれば、二人は更迭されるか職を解かれる。そうなると、代わりの人間が対日外交を担当しなければならない。そこで、自ら名乗りを上げたのであった。

また、Xには親戚に金正日総書記に信頼される幹部がいた、ともいわれる。ともかく、四十五歳で国家安全保衛部の副部長であった。大変な出世である。軍の位では、少将か中将クラスであろう。将軍職であるのは、間違いない。

それにしても、金正日総書記はなぜ日朝首脳会談に応じたのか。

日本では、アジア大洋州局長の功績と報じられた。本人も、否定はしなかった。だが、真実はそうではなかった。

実は、二〇〇一年の夏から年末にかけて、金正日総書記は本当に困り果てていた。

ブッシュ米大統領が、北朝鮮を「悪の枢軸」と非難し、テロ組織とテロ国家への「先制攻撃」政策を明らかにした。北朝鮮が攻撃目標の一つであるのは、間違いないと思われた。米国は軍事攻撃をするかもしれない、との憂慮が深まるばかりであった。それを阻止しなければならない。

もう一つの心配事があった。韓国の大統領選挙が、二〇〇二年の一二月に行われる。野党の李会《イ・フェ》昌《チャン》候補が当選するのは、間違いないと見られていた。保守派のイ・フェチャン候補が当選すれば、北朝鮮への援助は全面的に打ち切られる。金大中大統領は、逮捕されるかも知れない。そうなると、北朝鮮をめぐる大きなスキャンダルが発覚する。金大中大統領は、首脳会談実現のために金正日総書記に、五億ドル（約五百五十億円）以上の現金を支払っていた。

米国や韓国との関係が開かないのなら、日本を利用するしかない。日朝正常化を実現すれば、米国の軍事攻撃は難しくなる。また、韓国からの援助が途絶えても、日本から経済協力資金を得ることができる。日米韓三国の協力関係を、分断することもできる。

国際環境の激変が、二〇〇一年の秋に金正日総書記を日朝関係の改善に向かわせたのだ。Xは、その意向をいち早く知った。出世するためには、「将軍様」の意向を実現する必要がある。北朝鮮では、金正日総書記を「将軍様」と呼ぶ。「自分にやらせてほしい」と名乗り出た。「必ず、一年以内に関係改善を実現させます」と約束した。

Xは、こうして対日関係を担当することになった。外交経験のない四十五歳の若い人物に、交渉をまかせたのは失敗であった。後になって、北朝鮮の首脳部はこう反省したが、遅かった。

日朝首脳会談後に、北朝鮮は過去になかったほどの「外交敗北」を喫したことを、悟った。二回の首脳会談に応じながら、得たものは十二万五千トンの食糧支援だけであった。拉致を認め、拉致被害者を帰国させてしまった。日本にウソをつき続けた北朝鮮が、初めて「日本のウソ」に乗せられる結果に終わったのである。

日本への対応は本来なら、統一戦線部の仕事だが、統一戦線部はキム・ヨンスン書記への捜査に関連して、何度も調査を受けた。組織は、縮小された。幹部も交代し、力を失っていた。栄華を誇った、かつての面影はなかった。

Xにしてみると、これは命をかけた仕事になる。まず、金正日総書記との会談には、見返りが必要である。普通なら、数億ドルの現金が約束されなければ、「バカ」と言われる。日本からのお土産はなにか。

Xは、日本側にお土産を確認した。何をくれるのか。韓国の金大中大統領は、「南北首脳会談料」として五億ドルの現金を支払った。日本政府には、韓国の大統領のようなことはできない。それなら、首脳会談で「即時正常化」を宣言することはできるのか。それも難しい。

経済協力資金の前倒しは、可能か。色々なことが検討された。

北朝鮮の高官によると、北朝鮮側は「確実な証拠」を求めた。日朝正常化と経済協力資金供与を、必ず実行するとの証拠である。当然のことだろう。首脳会談までして、日本から何も取れなければ、指導者は権威を失う。Xの命も保証されない。執拗に、「確実な保証」を求めた。

北朝鮮の高官によると、Xは、日朝正常化の「日時」と経済協力の「金額」についての「覚書」を、日本側から受け取った。

Xは、覚書を小泉首相の名前で金正日総書記宛にしてくれるよう要求したが、それは実現しなかったという。

もう一つ大きな問題があった。拉致問題の解決である。拉致問題の進展がないと、正常化はできない。経済協力資金も出せない。拉致被害者を帰してもらわないと、日本国民は納得しない。

Xは、拉致の事実と生存者の存在は認めたが、帰国させることはできないとの立場を譲らなかった。帰国を求めるなら、首脳会談は無理だ。

こうして「安否情報の確認」という線での妥協が成立した。

日本政府は、日朝正常化交渉の再開と正常化の前提として、「安否情報の確認」だけを条件にしたのだった。「拉致被害者全員の帰国」を要求しなかった。これが、拉致問題の解決を遅らせた最大の原因である。

日本政府は北朝鮮に、この要求を飲ませる度胸がなかった。全員の帰国が実現しないと、正常化も経済協力も不可能だとの判断ができなかった。世論という、国民の力を無視していた。事態を見通す能力に欠けていた、というしかないだろう。もっと言えば、国民の支持なしには現代の外交はできないという現実を理解していなかった。結局は、国民の怒りを買うことになった。

「北朝鮮が把握している拉致被害者全員の安否情報と、生存者の帰国」をなぜ強く要求しなかったのか。それが、北朝鮮のためでもあり、世界に人権問題への真剣な取り組みを宣伝できるチャンスだ、と説得すべきであった。

何よりも、日本の主権が侵害されたという認識が、アジア大洋州局長と首相、官房長官にはなかったのだろうか。主権侵害は、国際法上は「原状回復」が原則である。原状回復とは、拉致被害者全員の帰国でしかない。拉致以前の状態に、全員を戻すことである。

首脳会談の席で、小泉首相は金正日総書記に「拉致は、お国の工作機関による主権侵害です」と宣言するか、確認すべきであった。金正日総書記にそれを認めさせれば、原状回復を強く求める根拠ができたのである。

首脳会談の発表から会談当日までが、Xとアジア大洋州局長の絶頂期であった。九月一七日を境に自分たちへの評価と人生が、あれほど激変するとは予想もしなかっただろう。

Xは、平壌で今もなお、首脳会談の失敗を批判され続けている。対日交渉の担当をはずされた。だが、国家安全保衛部の幹部職からは解任されていない。北朝鮮で生き延びる秘訣は、指導者への

「忠誠心」である。幹部たちは、懸命に「忠誠心」競争を展開している。

Xの失敗は、一介の外務官僚の力を買いかぶりすぎたことだ。「官僚がすべてを決める」という言葉に、騙された。また、エージェントとして日本人のNGO（非政府組織）関係者や、裏社会の人物たちを使いすぎた。日本の社会で尊敬されず、影響力もない人物を利用したことが、秘密警察の責任者としては大失敗であった。

Xと担当局長は、首脳会談の後も何度か中国で密かに会談した。事後対策のためである。覚書通りの国交正常化は、実現しなかった。経済協力も、手に入らなかった。

二人はこう弁明した、と平壌の幹部たちから直接聞いた人物がいる。

「みんなあれ（安倍晋三官房副長官）が悪い。あいつさえいなければ、うまくいっていた」

平壌の幹部たちによると、Xは金正日総書記に「安倍が妨害したおかげで、正常化できなかった」と、報告した。また、朝鮮総連もXを助けるために、「安倍が朝鮮総連と北朝鮮をつぶそうとしている」との報告を平壌に繰り返し送った。

これは、とんでもない責任逃れと「安倍晋三つぶし」の陰謀、というしかない。この「安倍晋三つぶし」には、日本の一部メディアも利用された。

拉致被害者の救出を求める国民の声を無視したから、交渉は行き詰まったのである。また、日米同盟を危機に陥れたから、正常化は実現しなかったのだ。外務省は、むしろ日本国民と米国に救われたのである。

第3章

日朝首脳会談の真実

誰も全員の安否情報を予想しなかった

小泉首相が訪朝する前日、二〇〇二年九月一六日の夜。私は、在京テレビ局の夜のニュース番組に出演した。ワシントンから帰国直後の一九九四年に、テレビへの出演を最初に誘ってくれたのは、このニュース番組であった。

米朝核交渉が行き詰まっていた九四年の五月に、私はワシントン特派員の任期を終え帰国した。その際に、「北朝鮮は、石油がないから戦争できない」との論文を中央公論誌に書いた。それを読んだ、筑紫哲也キャスターが、番組で話すように誘ってくれた。

筑紫キャスターの北朝鮮についての報道姿勢について、「宝島」が特集版で、理由のない批判を展開したことがあった。この批判は、汚ない誹謗《ひぼう》中傷で、まったく根拠を欠いていた。「ニュース23」は、北朝鮮についての解説では、常に私を使ってくれた。ジャーナリズムの基準からは、最も中味のある正確な報道に徹していた。筑紫キャスターの報道姿勢は、決して北朝鮮寄りではなかった。

当時は、ほとんどの専門家が「朝鮮半島で戦争が起きる」「北朝鮮は崩壊する」と語っていた。だが、北朝鮮の石油輸入量を調べれば、戦争は絶対に不可能だった。わずか、六十万トンしかなかったからだ。

私は、このニュース番組で「北朝鮮は戦争もできないし、当面崩壊もしない」と一九九四年に初めて説明した。北朝鮮の秘密警察による厳しい統制と、日本とは比較にならないほど根強い儒教文化が崩壊を防いでいた。朝鮮社会の権威主義の伝統を知れば、簡単には崩壊しないと判断できた。

このニュース番組の担当者が、小泉訪朝の数日前に大学に訪ねてきた。普通は、電話で打ち合わせをするのだが、どうしても会いたいという。

「実は、デスクの指示でA教授にだけ出演してもらう予定になっていたのですが、筑紫さんが重村さんはどうしたというので、重村さんにも出ていただくことになりました。筑紫さんとはどういうご関係ですか」

なんの事はない、「お前は、出演させたくなかった」と言っているようなものだ。それでも、筑紫さんには義理があるので、怒りを抑えることにした。

何を話すのかの打ち合わせである。私は、首脳会談の行方を説明した。

「間違いなく、全員の安否情報が明らかにされる」

担当者は、やや不安げだ。

「でも、A教授は三〜四人の安否情報しか明らかにされないといっています。有本さんは出てくると言っています」

番組の担当者によると、北朝鮮に拉致された有本恵子さんのご両親も出演するという。そのご両親の前で、首脳会談の結果予想を、フリップで示してほしいというのだった。

私は、それはいくらなんでも有本さんのご両親に失礼だから、止めたほうがいいと伝えた。拉致問題を競馬の予想感覚で扱うべきではない、と反対した。だが、どうしてもやりたいという。それなら、なぜ全員の安否情報が出るのか説明するから、もう一枚フリップを作ってほしいと頼んだ。ところが「A教授はフリップ一枚なので、重村さんだけ二枚にして時間を多くするわけにはいかない」という。それなら、私が出演する必要はないから、やめたいと伝えた。翌日になって「フリップ二枚でもかまいませんが、話す時間はA教授と同じにしてほしい」という。しかたがないから、受けることにした。

当時、マスコミは「三〜四人の安否情報が明らかにされる」と報じていた。A教授は独自の取材や情報網から聞いたのではなく、こうしたマスコミの報道と同じ事を言っていたに過ぎない。だが、首脳会談の取材経験があれば、「北朝鮮は、全員の安否情報を出すしかない」と判断できるのだ。

北朝鮮はなんとしても、正常化と経済協力資金の合意を必要としていた。一方、小泉首相は「全員の安否情報」をもらえなければ、辞任せざるを得ない。「政変」になる。そうなれば、経済協力資金ももらえない。国交正常化もできない。北朝鮮としては、「全員の安否情報」を出すしかなかった。

こうした判断のうえで、平壌にルートを持つ人物を取材すれば、北朝鮮側の対応がある程度得られる。私は「全員の安否情報は、間違いなく出てくる」と判断した。ニュース番組でも、その判断と取材の内容を説明した。

「局長や課長の会談なら、三〜四人の安否情報しか出さないことはある。しかし、首脳会談で全員の安否情報を出せないのなら、課長クラスの指導者ということになる。首脳会談の意味を考えてほしい」

首脳会談で、十三人の安否情報が明らかにされた。

「五人生存、八人死亡」

もちろん、これは信用できない内容だ。横田めぐみさんをはじめ多くの人たちが、なお生きているのは間違いない。

首脳会談の当日も、このニュース番組に出演することになっていた。他局の番組を終え、かけつけた。驚いたことに、A教授もまたいっしょに出演するという。

「前日の放送で、予測を完全に間違えた人物を出演させるのは、メディアとしては問題だ。こういうことをするから、メディアがバカにされる。学者は、どんなに間違えても使ってもらえると勘違いする」

こう言いかかったが、感情を抑え黙っていることにした。

私には視聴者に、真実を伝える義務がある。その機会をテレビが与えてくれる以上、感謝しなければいけない。テレビを通じ、視聴者や国民に本当のことを伝えるのが、役割だと考えている。権力者や外務省、官僚におもねり、その手先になってはならないと戒めてきた。また、北朝鮮の手先になるようなことも、してはいけない。

その場限りのいいかげんな解説や発言を、広がらせるわけにはいかなかった。同じ新聞記者出身で、義理のある筑紫さんに恥をかかせることはしたくなかった。番組の評価を高める協力ができれば、といつも考えていた。番組での解説と予測は、正確だったと自負している。

数日してから、担当のデスクに「申し訳ないが、しばしば判断を間違える学者を引き立てるような役割はさせないでほしい」と、やんわりとお願いした。

A教授を、朝鮮問題の研究に誘ったのは私である。エコノミスト誌に原稿を売り込み、文章を手直ししてあげたこともあった。私は、A教授がソウルの民間研究所に籍を置きながら、語学学校に通っていた苦学時代を知っている。

ソウル特派員時代に、お世話をしたこともあった。残念ながら、延世大学の大学院には籍を置けなかった。延世大学の教授たちによると、博士課程に在籍することもかなわなかったという。

さらに、「学者の評価」については忘れられない「事件」がある。

東京の日本記者クラブの十階大講堂で、二〇〇五年の春に寺田輝介元駐韓日本大使を招いて、北朝鮮の核問題についての講演・研究会が行われた。私は、司会をまかされた。寺田元大使は、ペルー大使館の人質事件で活躍した日本を代表する外交官である。誠実で野心のない人柄で知られている。もともとは、ペルーでの活躍が評価され、フランス大使に任命されることになっていたが、先輩外交官が政治家と外務省幹部を動かしフランス大使職を横取りしてしまった。その結果、韓国大使に転出した。

文句や不満を言うわけでもなく、韓国大使として韓国で尊敬を集めた。日本の外交官のなかでも、傑出した一人である。

この講演での質疑応答で、日本経済新聞の伊奈久喜論説委員が、厳しい質問をした。

伊奈論説委員とは、ワシントン特派員時代に一緒に国務省やホワイトハウスを取材した仲である。彼は、その後ワシントンにあるジョンズ・ホプキンス大大学院に留学し、いまや外交と安全保障の専門家として知られる。日経の読者は、彼の署名記事をよく目にしているはずである。

伊奈記者は、寺田元大使に次のように問いかけた。

「日本の朝鮮問題の専門家や学者の判断や予測は、まったく当たらないのではないか。間違った判断を繰り返すのに、平気な顔をしてまたメディアに登場する。寺田元大使としては、どの専門家や学者が正しい判断を下しているとお考えか。司会の重村さんは別ですが……」

素直にこの質問を聞くと、「重村さんの判断も間違いが多いのではないか」と言っているように受け取れた。伊奈記者の質問は、日本のマスコミの判断力と朝鮮問題専門家の質を考える上で、重要な問題を提起していた。実は、私も同じような質問を一般の視聴者や関係者、専門家からよく受けたからだ。

この会合が終了した後で、私は伊奈記者に、次のようにマスコミの責任を指摘した。

「学者や専門家が、平気で誤った予測や判断を繰り返すのは、新聞やテレビの責任だ。そういう人たちを、繰り返し使うからだ。メディアを甘く見て、間違ってもいいと考えている」

▒金正日は全員の安否情報を約束した

小泉首相と田中局長は、北朝鮮が全員の安否情報を出すことを、事前に知っていたのだろうか。〈実際は、日朝の事前折衝でも、「ミスターX」らは、「拉致問題を判断できるのは金正日総書記だけだ」と言い張り、何も明かさなかったという〉（読売新聞二〇〇四年一一月二五日付）。

これは、正直な発言であろう。

ただ、こうした会話の中で「小泉首相の顔はつぶさない」とは言ったはずだ。また「わが国には体面を重んずる伝統があります」と語っただろう。こうした発言で「安否情報を明らかにする」ことを、匂わせたのではないだろうか。

だが、首脳会談でのアジア大洋州局長のうろたえぶりを見ると、事前に知っていたとは思えない。数人の安否情報が出る、と思っていたのではないか。というのも、首脳会談前に新聞は「数人の安否情報が出る」との見通し記事を報じていたからだ。こうした記事は、外務省首脳陣から感触をつかまないと、書けない。

新聞が「数人の安否情報」を報じた裏には、それを大きな成果と考える新聞記者的な判断があった。本来なら、「数人の安否情報では、国民は納得しない。政変になる」と書かなければいけない。それを、しなかった。日本の新聞の特殊な「トクダネ意識」が、こうした記事を生んだ。

日本の新聞報道は、官報的な色彩が強い。政府の政策や計画を、発表前に報じることを「トクダネ」としてきた。これでは、形を変えた官報である。そうではなく、そうした計画が国民や国家のためになるのかを検証する記事こそ「トクダネ」なのだ。

政府には、政策を国民に知らせ納得させる義務がある。新聞は、国民や読者の立場からこうした政策や不正を批判する役割を担っている。それが、民主主義を担う新聞の役割なのだ。アメリカの新聞には、官報的な記事は極めて少ない。

「数人の安否情報」は、新聞記者や外務省の局長からすれば、大きな成果かもしれない。ところが、小泉首相にすれば「数人」では、辞任に追い込まれる。

当時は、田中真紀子外相を更迭した結果、支持率が七九パーセントから四〇パーセント台に落ち込んでいた。支持率は、首脳会談の発表で持ち直した。だが、結果しだいでは最悪の事態になる。政治家だけに、首脳会談後の政局の行方が読めた。

「数人の安否情報」しか出なければ、間違いなく責任論が出る。国民や抵抗勢力は「なぜ全員の安否情報を取らなかったのか」と、批判する。そうなれば、政権は倒れる。どうしても、全員の安否情報が必要だ。

小泉首相は、金正日総書記にこの意向を伝える方法を探った。アジア大洋州局長には、この政治状況を明かすわけにはいかない。在日の朝鮮総連を使うと、日本外交が蹂躙《じゅうりん》される。首脳会談のおよそ二週間前に、一人の日本人と連絡を取った。

「どうしても、全員の安否情報が必要だと伝えていただきたい。全員の安否情報が出なければ、小泉内閣は倒れる。そう金正日委員長にお伝え願いたい」

小泉内閣が倒れれば、国交正常化はできない。経済協力資金も手に入らない。金正日総書記にも、選択の余地はなかった。

首脳会談一週間前の九月一〇日に、平壌から返事がきた。

「全員の安否情報を出します」

この時点で、全員の安否情報が出るとの情報を得ていたのは、小泉首相一人であった。それでも、保証があるわけではなかった。

このやり取りは、もう一つの真実も明らかにしている。

北朝鮮は、当初は全員の安否情報を出す気はなかったのだ。だから、死亡したとする拉致被害者の事実関係が、いい加減なのだ。短時間で、つじつま合わせをしたことは明白だ。生きている人を死んだとウソをついた。だから、事実関係が合わないのは、当然だ。

一方、アジア大洋州局長らはなお「数人の安否情報」と、思っていたのではないだろうか。首脳会談直前にマスコミは、「数人の安否情報」を報じていた。外務省か官邸の誰かが情報をリークしていた。

「数人の安否情報は出る」との確信があったからだ。それに、国民の期待値を下げておくほうがいい、との判断もあったはずだ。

帰国した蓮池薫さんや地村保志さんは、首脳会談の数ヵ月ほど前に、平壌市内の特別のアパートに移された。ということは、北朝鮮の担当者たちは「数人の生存者」を出せば十分、と判断していたのだ。

ところが、首脳会談のおよそ二週間前に「十二人全員の安否情報を出せ」との指示が、小泉首相の要請を受けた金正日総書記から出された。担当機関は、急いで「八人の死者」の死亡理由をまとめることになった。その結果、事実関係を間違え、つじつまの合わない「死亡理由書」ができあがった。こう考えると、北朝鮮の対応はよく理解できるのだ。

「朝鮮語翻訳に数時間」はウソだった

小泉首相は、二〇〇二年九月一七日、平壌の順安空港に到着した。空港には、金永南《キム・ヨンナム》最高人民会議常任委員長が出迎えた。北朝鮮としては、出迎えには最高の儀礼をつくした。第二回目の訪朝の出迎えとは、天と地の差があった。

小泉首相が秋晴れの天気に触れると、キム・ヨンナム常任委員長は「朝鮮では天高馬肥といいます」と述べた。この言葉を、北朝鮮の通訳は、きちんと訳せなかった。日本語の「天高く馬肥ゆる秋」という表現を知らなかったのである。

会談場所の「百花園招待所」は、超一級の迎賓館であった。南北首脳会談もここで行われた。午前一一時からの首脳会談に先立って、アジア局長同士の事前の会談が行われた。北朝鮮側の要請であった。

この時に「事件」は起きた。局長会談が終了したとたん、北朝鮮側の通訳が日本側の通訳に一枚の紙を渡したという。その紙には、拉致被害者の安否情報が書かれていた。

この文書を、日本側はすぐに突き返すべきであった。「首脳会談で首相に手渡してほしい」と言うべきであった。だが、北朝鮮側は逃げるように席を立っていた。北朝鮮の作戦勝ちである。公式の文書であるなら、通訳に受けとる権限はない。少なくとも局長に渡すべきである。日本側の通訳には、こうした訓練ができていなかったのだろうか。私は、この文書は通訳ではなく、日本側のアジア大洋州局長に手渡されたのではないか、と疑っている。

北朝鮮側は、この「安否情報の文書」をどのように日本側に手渡そうか、苦悩したはずである。首脳会談で金正日総書記が小泉首相に手渡せば、内容についての説明をせざるを得なくなる。北朝鮮側は、それはしたくない。

北朝鮮のアジア局長が日本のアジア大洋州局長に手渡さなければ、公式の伝達にはならない。だが質問を受けることは、したくない。拉致問題については、北朝鮮の外務省は何も権限がないからだ。

この結果、朝鮮語の文書を説明せずに手渡す方法を考えついたようだ。日本側のアジア大洋州局

2002年９月17日、日朝共同宣言（平壌宣言）に署名し、握手を交わす小泉首相と金正日総書記。

長は朝鮮語を読めない。文書を見た通訳が、内容に気がついて北朝鮮側を追いかけようとしても、すでに姿はなかった。日本側は、北朝鮮がどのように安否情報を伝えるか、検討していなかった。首脳会談で明らかにしてほしいとも、要請していなかった。作戦負けである。

問題は、その後である。午前一一時前に受け取った「安否情報」が公表されるまでに、多くの時間を要した。アジア大洋州局長らは「翻訳に時間がかかった」と弁明した。すぐにバレるウソをついてはいけない。北朝鮮側が手渡した文書は、私でも十分もあればゆっくり翻訳できる。

外務省の説明では、翻訳に数時間もかかったことになる。そんなはずはない。五人生存八人死亡の内容は、首脳会談に臨む小泉首相に、直ちに伝えられていたはずである。翻訳しなければ、内容は伝えられないのだ。

首脳会談に同行した関係者によると、五人生存八人死亡の文書を手にしたアジア大洋州局長らは、半ば放心状態であったという。予想外の内容だったのだ。「五人ほどの生存者」と思っていたのが、八人死亡まで伝えてきたことに衝撃を受けていたのではないだろうか。

死亡者が多すぎる。国民は、納得しない。それにしても「有本恵子さんはなぜ生存者に含まれなかったのか」。それまでの情報では、有本さんが生きている可能性は極めて高かった。

こうした思いが、一瞬の間に頭をよぎったはずだ。

なによりも、拉致被害者についての北朝鮮側の「通告」を、何時間も隠したのは問題であった。日本時間の昼過ぎには、すべてが明らかにされたのだから、直ちに家族に伝えると同時に公表すべきだった。日本のメディアが内容を報じたのは、夕方になってからである。日本側が文書を手渡されてから五時間以上が過ぎていた。

何が「五人生存」と「八人死亡」を分けたのか

それにしても、なぜ生存しているはずの横田さんや有本さんまで、死亡としたのか。

北朝鮮は当初から、拉致被害者を日本に帰国させる考えはまったくなかったからである。平壌に置いたまま、家族を呼び寄せ面会させるつもりであった。

いわゆる「寺越方式」である。

石川県の寺越武志さんは、一九六三年五月に二人の叔父と漁に出かけたが、行方不明になった。北朝鮮の工作船と衝突し、連れて行かれたとみられている。

北朝鮮は、二十四年後の一九八七年一月に叔父に手紙を書かせ、「北朝鮮で生きている」と連絡させた。その後、両親と武志さんの面会は認められた。だが、日本には帰国させなかった。そうすれば、秘密が漏れないからである。

北朝鮮は、拉致被害者を日本に帰国させるつもりはなかった。これは、拉致被害者の証言から、明らかにされた。

蓮池さんや地村さんらの政府への証言からは、北朝鮮が五人の生存者と家族を日本に帰国させる気はまったくなかった事実がわかる。

小泉首相の訪朝のおよそ四ヵ月前に、担当の指導員が二人をそれぞれ訪ねてきた。

「二十年以上も北朝鮮にいて、日本に帰りたいだろう。家族に会いたいだろう。日本に帰ったらどうだ」

二人は、まったく同じ答えをした。示し合わせたわけではなかった。

「金正日将軍様のおかげで、こんなに幸せな生活をしているのに、どうして日本に帰る必要があるのですか。帰りません」

しばらくすると、この指導員がまたやってきた。

「日本の家族に会いたいだろう、家族に会ってみないか」

二人は同じ返事を繰り返し、質問した。

「日本に帰る気はまったくありません。党（労働党）の命令がないのに、そんなことを言っていいのですか」

「党の命令だ」

「党の命令なら、従います」

これは、二人に対する北朝鮮当局のテストであった。「日本に帰りたくない」という人物を、探していたのである。

二人が「帰りたくありません」と答えたのは、そう言わないと大変な目に遭うことを十分に理解していたからだ。北朝鮮で生き残る術を理解できる頭のよさが、二人にはあった。北朝鮮で生き残る芝居を演じうる能力があった。

こうして二人は、「第一次テスト」に合格した。

日朝首脳会談が行われた九月一七日に、外務省の担当者が二人を訪ねた。

「日本に帰りませんか。ご両親や兄弟が、待っていますよ」

二人は、部屋に盗聴器が仕掛けられているのを知っていた。盗聴器に語りかけるように答えた。

「両親や家族には、平壌に来てもらいたい。そのうえで、家族で話し合ってきめます」

このやり取りは、当時の新聞で報じられている。

なぜ「帰りたい」と言わなかったのか。普通の常識で考えれば、疑問に感じるはずである。二人とも北朝鮮の当局者に「日本に帰りたいと言うな」と、指示されていた。また、「帰りたい」と言えば、大変なことになる。その後に、不利益や危害を受けるのは、明らかであった。子供たちが、危険にさらされるかもしれなかった。

しかし、日本国民が怒り、帰国を求める声が高まった。外務省は、北朝鮮側に帰国を求めた。「一週間から十日」の里帰りという約束であった、と北朝鮮は主張している。日本側に、約束した高官がいたのは間違いない。そう言わなければ、帰国させてくれなかったはずだ。

北朝鮮側が「一時帰国」を認める直前に、また指導員が訪ねてきた。

「子供も一緒に連れて行ったらどうか」

これも、テストである。子供を連れて行きたいといえば、「逃げる」と北朝鮮側は判断したはずである。そうなれば、緊急入院させ帰国を妨害したかもしれない。

拉致被害者の子供たちは、小学校に入ると寄宿舎に入れられる。親とは一緒に生活できなかった。正月や秋夕《チユソク》(お盆)など、年に二〜三回家に帰ってくる生活であった。

それが、帰国直前に子供たちが突然家に帰ってきた。当局のテストである。子供たちにどういう話をするのか、密かに盗聴し本心を探ろうとした。

いずれにしろ、地村さんと蓮池さんはテストに合格し、「生存者」とされ帰国した。北朝鮮は「日本に帰りたい」と言わないと確信した五人だけを、「生存」とした。「帰りたい」と言いかねない拉致被害者たちは、「死亡」とされたのだ。

北朝鮮側は、当初から「生きている被害者四〜五人」だけを、出すつもりだった。「帰国させるつもりはなかった」北朝鮮の方針と、拉致被害者へのテストをみれば、すべては理解できる。テストに「落第」した拉致被害者もいたはずである。「落第者」は、いずれも死んだとして処理されたのだ。

北朝鮮の「八人死亡」発表を、拉致被害者家族たちはウソだと見抜いた。有本恵子さんの場合は、北朝鮮の発表の時期に死んでいるわけがなかった。

北朝鮮によると「一九八八年に死亡した」。ところが、少なくとも一九九五年か一九九八年までは、間違いなく生きていたのである。

ジャーナリストの高沢皓司氏は、一九九五年に有本さんらが生きていると聞いていた。「有本さんらは元気だ」と、日本赤軍リーダーの田宮高麿から直接聞いた。高沢氏はこの事実を著書の『宿命』（新潮文庫）で、次のように明らかにしている。

「田宮高麿は、彼が突然死した一九九五年の、春、留学生失踪（拉致）事件のことで『家族に会ってくれ』と私に言った。

『頼みたいことがある。そして伝えてほしいことがある。あってくれるか。とにかく（拉致被害者は）元気でいるから、と。だからもうすこし待ってほしい、と』」

この証言通りであれば、一九九五年には「元気でいた」ことになる。

さらに、一九九八年には日朝の政治家、高官たちが、有本さんを東欧の第三国に出し、そこから「北朝鮮に拉致されたのではない」と両親に電話をさせ、拉致問題の解決を図ろうとした。この事実は、森前首相が総理時代の二〇〇〇年にブレア英首相に語ったことから、報道された。

一九九八年の三月から八月まで、当時のアジア局の高官が香港からマカオ経由で平壌に入った。平壌で、有本さんを第三国に出す交渉をした。これが、森前首相らが取り組んだ構想であった。残念ながら、合意には至らなかった。

この事実は、有本さんは間違いなく一九九八年までは生きていたことを証明している。それを「一九八八年に死亡」というのは、真っ赤なウソをついていることになる。北朝鮮の担当者たちは、金容淳《キム・ヨンスン》や黄哲《ファン・チョル》が密かに行っていたこうした交渉を知らなかった。だから「一九八八年に死亡」と、捏造したのだ。

ということは、なおかなりの拉致被害者たちが生存しており、日本政府の救出を待っているのは間違いないのだ。

五人は戻さない――外交が機能した

拉致被害者五人は、もっと多くのテストや盗聴を受けたはずである。そして、「生存」とされて、ようやく、日本に帰国することになった。

北朝鮮側の認識は、当然一時帰国であった。日本側の担当者から、「一時帰国である」との一札を取ったはずである。そうでなければ、金正日総書記の許可が下りるはずがない。

拉致被害者を一時帰国させれば、日本国民の怒りが収まる。正常化が可能になる、と説明したはずだ。アジア大洋州局長の言動を見る限り、この時点でもなお正常化を実現しようとしていた。そう判断せざるをえないのだ。アメリカが反対している意味を、正確に理解していなかったというしかない。

五人を再び北朝鮮へ戻すかどうか、官邸と外務省が衝突した。世論も割れた。朝鮮問題の専門家の間でも、意見が対立した。北朝鮮に好意的なコメンテーターや、在日の専門家らは「戻すべき」と主張した。一度戻って、家族と相談して本格的に帰国すればいい、というのだった。

なかには、「長年北朝鮮にいたのだから、生活の根がはえている。日本に帰ってきても難しいだろう。本人たちも心配しているのではないか」といった主張もあった。ひどい話である。北朝鮮での自由のない生活を、何も知らないのに、勝手なことを言う日本人たちがいた。

これらの人たちは、拉致被害者の過酷な状況を、まったく知らなかった。それなのに、コメントしたのである。人の人生を、こんなに無責任に扱っていいのか。帰国できなかったら、誰が責任を取るのか。私は、テレビ番組でこうした人たちと、やり合った。

少しでも北朝鮮の事情を知っていれば、平壌に戻れば二度と日本に帰れないのは明らかであった。日本人のコメンテーターや在日の専門家は、北朝鮮が拉致被害者を帰国させたいとは思っていない、という現実をわかっていなかった。あるいは、北朝鮮に遠慮したのか。アジア大洋州局長を応援するつもりだったのだろうか。拉致被害者が、帰国前にどんなテストを受けたか、新聞を読んでいれば、知っていたはずなのだ。

拉致被害者が再び平壌の空港に戻ったら、何が起きたのか。

北朝鮮の担当者は、用意したメモを渡し、書かれた通り言うように指示しただろう。それは、次のような内容であったはずだ。

「敬愛する金正日将軍の温かい配慮で、二十数年ぶりに日本に帰国し両親、家族に会うことができた。心から感謝している。日本に帰ってみたが、やはり共和国（北朝鮮）の温かさと金正日将軍の慈愛に溢れた革命の首都平壌を、一日として忘れたことはなかった。家族とも話し合ったが、金正日将軍の温かい配慮に包まれ、平壌で幸せに暮らしたい。共和国のために一生を捧げる覚悟である」

拉致被害者の声明を受け、北朝鮮が「本人の自由意思だ。日本には帰せない」と言うのは間違いない。また「日朝正常化すれば、自由に行き来できます」と言ったにきまっている。

これは、正常化までは帰国させないとの意思表示でもある。北朝鮮は、五人を日朝正常化の「人質」にするつもりだった。

この北朝鮮の意向を、安倍晋三官房副長官と中山恭子内閣官房参与は、最初から見破っていた。「五人を戻すべきではない」との決意を固めていた。

一方、アジア大洋州局長は「五人をいったん平壌に戻し、家族を連れて帰国させる」と主張した。この対応から、ミスターXとの間で「二週間程度の一時帰国」との了解があった、と考えるのが常識だろう。五人の日程には、お土産の買い物時間も入っていた。アジア大洋州局長は、国会での答弁で「そうした約束はしなかった」と述べたが、その言葉通り受け止める人は少なかっただろう。

五人の処遇についての会議が、帰国から十日目の一〇月二四日に開かれた。

安倍副長官と中山参与は、北朝鮮に戻すべきではないと主張した。

アジア大洋州局長は、五人を北朝鮮に戻すよう主張した。五人の人生よりも、Xとの個人関係を重視したのである。国民の命を救出する「外交」よりも、北朝鮮の有力者との「国会対策的関係」を選んだのである。

彼は「日朝間の信頼関係が崩れてしまう。日朝協議ができなくなる」と主張したという。

これは、Xとの個人関係が崩れることへの心配である。それを「日朝間の信頼関係」と言い換えた。もしこの通り考えたとしたら、それも問題である。「日朝間の信頼関係」のために、国民の人生を犠牲にしてもいい、と考えていたことになる。国民の命を危険にさらす可能性があるのに、個人関係を優先させた。「国会対策的外交」の発想である。「国民の利益」に立った「国益」の意識はなかった。国民を犠牲にしても、国交正常化をなお優先していた、といわれてもしかたがないだろう。彼は、「交渉相手のXを失います」と抵抗したという。

中山参与が「それなら、できる人に代わってもらえばいい」と応酬した。

中山参与はさらに厳しい言葉を口にした。

「局長、あなたがやっているのは外交ではない。北朝鮮へのお願いだ。外交官なら、お願いをやめて外交をやりなさい」

この中山参与の言葉こそが、北朝鮮に対し日本が、「外交敗北」を続けた本当の理由であった。ポイントをついていた。

日本の政治家や外交官は、北朝鮮との外交を行わずに「お願い」に終始したのだ。「お願い」は、国民の命を救うための厳しい駆け引きや制裁よりも、相手の「ご機嫌取り」を優先する。だから、北朝鮮問題では「北朝鮮を怒らせない」「追い詰めない」「関係を悪化させない」「相手の立場を考える」などの、「国会対策的」な言動が幅をきかせた。北朝鮮は、困らないと譲歩しない人たちである。この、現実感覚がなかった。

北朝鮮は、なぜ日朝首脳会談に応じたのか。なぜ、拉致問題を認めざるを得なくなったのかについて、教訓を学んでいなかった。外交分析もできていなかった。

北朝鮮は、困り果てたから首脳会談に応じたのだ。拉致も認めたのである。

北朝鮮は、個人関係で方針を変える国ではない。それほど甘くはない。

南北首脳会談は実現したが、首脳同士の個人関係の深まりだけで、北朝鮮は方針を変えていない。日本の自民党実力者と工作機関責任者の個人関係では、何も変わらなかった。日朝関係では、個人関係に頼ることほど危険なものはない。

日朝外交を失敗させたのは、政治家の個人関係であった。日朝の外務省同士の、政府間の連絡と交渉関係がなかったから、失敗し続けたのだ。北朝鮮では、個人に力はないという事実を理解できなかった。どんな高官でも、金正日総書記へのメッセンジャーでしかない。

中山参与と安倍副長官は、早くからその危険を察知していた。その「危うさ」を見破っていたのである。

田中局長は、捨て台詞を投げつけた。

「これで、（私と）Xとのルートは死にます。五人の子供たちの帰国にも長い時間がかかります」

（読売新聞二〇〇四年一一月二四日付）

この言葉こそ、「外交」と「国会対策的手法」をはき違えていた事実を雄弁に物語っている。

外交とは、あくまでも権限と責任を有する外務省の担当者同士で行うものである。だから、担当者が変われば次の担当者が引き継ぐ。ところが、個人を相手に外交をすれば、その個人にすべてを頼ることになる。相手がいなくなると、自分も交渉相手を失い、交渉は吹き飛んでしまう。

これは外交とはいえないのだ。工作を優先する北朝鮮に利用された、というしかないだろう。皮肉なことに、外交よりも工作を選んだのが、日本の外交官と政治家であった事実は、すでに指摘した通りである。

個人関係にすべてを頼ると、何が起きるのか。すべてを犠牲にしても、相手が失脚しないように助けざるを得なくなる。アジア大洋州局長の発言は、Xが解任されることを恐れたのだ。拉致被害者を犠牲にして、自分の利害を優先させようとしたというしかない。Xとの交渉ができなくなれば、担当局長としての役割も威光も終わりである。

外務省の外交官を相手に外交を行っていれば、相手が更迭されても新しい人物が登場するだけである。その意味では、中山参与の発言は正しかった。

日朝の外交関係は、個人の「裏取引」に頼りすぎたから、失敗したのである。かつては、自民党の実力者はキム・ヨンスン書記を失脚させないように、食糧支援を繰り返した。外務省は、ファン・チョルを高官だと思い込んだ。期待をかけすぎた。そのうえ、Xである。

こうしてみると、日本の対北朝鮮外交は、北朝鮮の高官の出世を助けるために行われてきた、と批判されても仕方のない一面がある。

やはり「二〇〇三年一月一日からの国交正常化」と「毎年十五億ドル六年間の経済協力」の約束をしていたのは、間違いないと思わざるを得ない。Xへの約束が実現できなくなれば、Xは責任を問われ解任される。処刑されるかもしれない、とも思っただろう。

拉致被害者の子供たちは、一年七ヵ月後の二〇〇四年五月に日本に帰国した。その二ヵ月後には曽我ひとみさんの家族も、帰国できた。安倍官房副長官と中山参与の努力の成果であった。

「長い時間」はかからなかった。

これには、後日談がある。官邸で関係者をねぎらう集まりがあった。この席に姿を見せた担当局長は、椅子にかけた小泉首相に一目散に近づいた。彼の挨拶の言葉を聞いた関係者は、耳を疑った。開いた口がふさがらなかった、と証言している。

「総理、本当によかったですね。最初から拉致被害者五人を戻すべきではないとした、私どもの決断は正しかったですね」

彼が心配したXは、秘密警察「国家安全保衛部」の最高幹部として、なお君臨している。ただ、対日問題での日本人との接触は禁止された。平壌では、いまもなお「責任論」がくすぶっている。

Xもまた、個人関係だけで外交ができると、誤解した。相手が力を失えば、自分もまた担当をはずされるのである。

外交では、交渉担当者の個人的信頼関係は重要である。それは、あくまでも外交ルートでの正式な交渉が成立したうえでの話である。

個人外交では、田中局長の後任は同じ田中局長でなければならず、Xの後任もXでないと、成り立たない。この「個人外交のワナ」に、みごとに落ちたというしかない。

拉致被害者五人の処遇では、安倍晋三官房副長官の言葉に、誰も反論できなかった。「拉致被害者が再び日本に戻れない場合に、誰が責任を取るのか。責任はとれない。だから、日本政府としては、五人を北朝鮮に戻さない」

日本の政治家の中で、安倍晋三官房副長官のように「ぶれない政治家」は珍しい。何を言われても、信念と方針を簡単には曲げない。よかれ悪しかれ、利権で動かない。永田町では、事情が変わるとすぐ態度を変える政治家が多い。利権に動かされ、信念のかけらもない。

信念と理念のない政治は、日本の政治家の特徴であった。利害によって、態度を百八十度変える。人間的には、高邁な理念と魅力に欠ける。そんな政治風土の中で、小泉純一郎首相と安倍晋三官房副長官は、特異な政治家である。

安倍晋三官房副長官の政治信念が、拉致被害者五人と家族を救った。彼には状況の変化と利害に惑わされず、先を見通す力があった。

利用された政治家たち

日本政府は、二〇〇二年一〇月二四日に、五人を北朝鮮に戻さない方針を決めた。

この直後の二九日と三〇日に、マレーシアのクアラルンプールで、日朝正常化交渉が再開された。およそ二年ぶりの本交渉であった。

Xらの当初の計画では、一挙に国交正常化に突き進むはずであった。だが、わずか一ヵ月半の間に、状況は激変した。担当局長の評価は、地に堕ちた。拉致被害者家族たちは、強い不信感を隠さなかった。

北朝鮮側は、五人を平壌に戻すよう強く求めた。また、拉致問題は解決したと主張し、直ちに、国交正常化交渉を進めるよう要求した。日本側は、拉致問題の解決なしには正常化交渉には入れないと、応酬した。交渉は、決裂した。

平壌では、当然大きな責任問題になる。

「国交正常化し、一兆円以上の経済協力資金が取れる」と言うから、金正日総書記は首脳会談に応じた。拉致も認めた。ところが、拉致被害者五人を日本に取っていかれた。

北朝鮮が得たものは何もなかった。

平壌の市民や高官の間で、次のようなささやきが聞かれた。

「(金正日)将軍様も焼きが回ったのではないか。小泉ごときに、騙された」

金正日総書記が、怒ったのも当然である。

「小泉には、二度と会わない。五人を連れ戻せ」

Xをはじめ、日朝正常化交渉担当の鄭泰和《チョン・テファ》大使、宋日昊《ソン・イルホ》副局長らは責任を問われる。チョン大使とソン副局長らは、何としても五人を取り戻すように命じられた。朝鮮総連を通じた工作も行われた。どんな手を使っても、五人を連れ戻す。そのためには、日本人の協力者を探し出さなければならない。

「五人を戻すべきだ」と主張するテレビ・コメンテーターや、ジャーナリスト、政治家への接触が行われた。

さらに、メディアには拉致被害者の子供たちとインタビューさせる、との話も持ち込まれた。テレビは、応じなかった。エージェントまがいの言動をする日本人が、テレビに登場した。彼は、子供たちとのインタビュー映像を、日本に持ち込んだ。五人の親心を揺さぶり、連れ戻そうとした。汚い作戦が展開された。

朝鮮総連は、北朝鮮に「安倍晋三追い落とし作戦」を提案した。北朝鮮が持っている情報が朝鮮総連に手渡され、一部マスコミに流された。

北朝鮮の担当者らは、五人を連れ戻さなければ追放されかねなかった。さらに、多量のコメ支援などの成果を獲得しなければ、生き残れない状況に直面していた。北朝鮮の工作外交が、これほど日本にやられたことはなかった。日本への完全な「外交敗北」であった。

北朝鮮の工作機関は、必死で日本の関係者に声をかけた。日本籍を有する古くからの北朝鮮のエージェントや朝鮮総連関係者が、政治家やジャーナリストの間を走り回った。

北朝鮮側は、子供たちは帰すが、見返りにコメ百万トンがほしい、との話を持ちかけた。北朝鮮の担当者たちは、「子供たちは、必ず日本に帰す。留め置いても負担なだけだ」と語った。それには、百万トンのコメがほしい、と要求した。そんな多量の食糧を出したら、日本国民が納得しない。

さらに、「五人は平壌空港に降り立つだけでいい」「飛行機の中から出なくてもいい」といった提案もした。この発言は、金正日総書記が「なんとしても、五人を連れ戻せ」と命令していた事実を、雄弁に物語っている。

テレビで、「国会議員や新聞記者もいっしょに行って、飛行機の外に出なければいい」と発言する人もいた。これでは、北朝鮮の手先である。飛行機は、地上の協力がないと飛び立てない。飛行場は、北朝鮮の領土である。飛び立てない状況に置くのは簡単だ。

北朝鮮は、平沢勝栄衆議院議員に目をつけた。平沢議員は拉致議連の事務局長として、北朝鮮に厳しい発言をしていた。そこに目をつけられた。相手は、日本の政治家の扱い方を知っている。不幸なことに、その手に乗せられた。平沢議員に、エージェントまがいの人物たちが接触した。平沢議員との接触を通じ、小泉首相に直結する人物を北朝鮮側は求めた。平沢議員は、小泉首相の友人とされる山崎拓氏に話を通した。それまで、拉致問題にまったく関心を示さなかった山崎氏が登場したことで、うさんくさい話になってしまった。

北朝鮮の当局者と接触した平沢議員の言動は、それまでと大きく変わった。平沢議員は、五人を一旦平壌に返すことを北朝鮮が提案している、と強調した。また、北朝鮮側は日本の外務省は信頼出来ないと言っている、と自分たちの行動を正当化した。二人には、「二重外交」の批判が投げつけられた。

この北朝鮮側の要求から、彼らが置かれていた厳しい立場を十分に読み取るべきであった。

北朝鮮側は、拉致被害者五人を取り戻し、小泉首相から「平壌宣言に従い、日朝正常化を必ず実現する」との親書を獲得しようとした。北朝鮮の担当者たちは、責任を問われていたのだ。すべては、責任のがれのためだった。これは、かつてキム・ヨンスン書記が責任のがれのために「コメ百万トン」を求めたのと、同じ行動である。北朝鮮高官の要求には、いつも裏の理由がある。最大の理由の一つが、「責任のがれ」であることを、わかっておくべきだ。

ところが、こうした働きかけの一方で、首相の再訪朝交渉が別のルートで密かに進められていた。Xグループ以外の組織を使って、首相側近が平壌に意向を打診していた。二〇〇四年の四月頃だった。朝鮮総連の責任幹部と、首相秘書官のルートだった（読売新聞二〇〇四年一二月四日付）。私の取材では、この他に北朝鮮のエージェントまがいの人物や暴力団関係者など裏社会のいかがわしい人物も登場した。日本外交は、「脱線」状態にあった。

平沢議員は、第二回訪朝の裏取引にまったく気がついていなかった。再訪朝が打診されている同じ時期に、北朝鮮の担当者と平沢議員らは、五人を返す問題を論じていた。北朝鮮の担当者も、第二回の日朝首脳会談については、まったく知らされていなかった。

こうした接触の後、平沢議員は拉致被害者家族の信頼をまったく失った。拉致議連事務局長を辞任せざるをえなくなった。北朝鮮と個人的に接触し利用された政治家は、信用を失い政治生命を失う。この真理は、なお生きていた。

読売新聞は、首相側近が朝鮮総連の実力者を通じメッセージを送った、と報じた。総連は、北朝鮮の工作活動に協力してきた機関である。それに外交メッセージを託すのは、国益を損なう危険がある。あとで、たっぷり利用される。これを知った福田康夫官房長官は、さすがに抗議の辞表を提出した。

官邸は、首脳会談後に開かれた朝鮮総連の大会に「自民党総裁」の名前で、小泉首相の挨拶文を送った。前代未聞のことであった。何らかの裏約束があった、と考えるのが常識であろう。

小泉首相は、参議院選挙の前にどうしても支持率を上げる必要に迫られていた。これが、再訪朝の最大の理由である。イラク派遣の自衛隊が攻撃を受ける可能性に配慮して、その前に訪朝する必要を感じていた。何よりも、支持率を上げるために、再び拉致問題を利用した。

だが、金正日総書記は「小泉とは、二度と会わない」と言っていたのではないか。金正日総書記は、なぜ小泉首相の再訪朝を受け入れたのか。小泉首相に仕返しをする、絶好の機会と考えたのだ。拉致被害者の家族は、小泉首相を平壌におびき寄せる「エサ」として使われた。

金正日総書記は、威信の回復に迫られていた。「将軍様も焼きが回った」との空気を、変える必要があった。小泉首相をからかい、横っ面をひっぱたけると考えた。「小泉が謝罪に来た」と、演出するのだ。そうすれば、平壌市民と高官たちは満足する。そのうえ、二十五万トンのコメを日本から取れる。

いずれにしろ、北朝鮮は拉致被害者の子供たちを永久に留めておくことはできない。それは、わかっていた。親子を引き裂く人権問題として、国際的に批判されるのは明らかだった。北朝鮮にとって、重荷であることは間違いなかった。だから、日本側に何度となく密かに、家族を帰せば何を見返りにもらえるのか、としきりに打診した。二十五万トンのコメ支援が、見返りとなった。

再訪朝は当初、参議院選挙直前の六月下旬に予定されていた。しかし、イラク派遣自衛隊が攻撃されると行けなくなる。このため、急遽五月二二日に繰り上げ変更された。外務省は、イラク駐留自衛隊への攻撃の危険が高まっている、と官邸に報告していた。

金正日にしっぺ返しされた再訪朝

金正日総書記は、小泉首相に「報復」する舞台装置を十分に用意した。

小泉首相を平壌の空港で出迎えたのは、日本担当の金永日《キム・ヨンギル》外務次官であった。北朝鮮の外務省には、多くの外務次官がいる。その次官の中で、一番下っ端の外務次官を出迎えに寄こした。外交儀礼上、こんな失礼な対応はない。明らかに、「小泉がおわびのために来た」ことを演出し、強調しようとしていた。

第一回目の訪朝では、形式上の国家元首であるキム・ヨンナム最高人民会議常任委員長が出迎えた。最悪の場合でも、白南淳《ペク・ナムスン》外相が出迎えるべきだ。百歩譲っても、姜錫柱《カン・ソクチュ》第一外務次官が出てこないと儀礼を欠いたことになる。こんな失礼な扱いには、飛行機から一歩も出てはならない。最低でも外務大臣が来るのを待つか、日本に引き返すと言うべきであった。それができないことを、北朝鮮側は十分に計算していた。

さらに、会談場所に指定された「大同江招待所」は、三流の迎賓館であった。当時は、幹部の保養施設として使われていた、かなりみすぼらしい建物であった。平壌の市民や高官たちは、大国の首脳を接遇する場所ではない、と知っていた。何よりも平壌の中心部から、遠く離れていた。この建物を急いで修理し、ペンキを塗りなおし、壁紙を張り替えた。

大同江招待所は、金正日総書記と幹部らが「セックス・ショー」を楽しんだ遊興施設であった（『核と女を愛した将軍様』藤本健二、小学館）。そこに、日本の首相を招いたのだ。

第一級の会談場所は、最初の首脳会談で使用された「百花園招待所」である。この事実は、平壌では常識であった。誰もが知っていた。日本では、誰も知らなかった。本来なら、外務省の担当者の大失態である。しかし、官僚のしきたりでは「失態」とは認めたくない。

北朝鮮側は、意図的に格下の次官に出迎えさせ、三流の施設で首脳会談を行った。北朝鮮の高官や平壌の市民には、この意味は言わなくてもわかる。二年前の訪朝のしっぺ返しをしたのである。冷静に見れば、北朝鮮の意図は極めてわかりやすい。日本外務省の担当者が、気がついたときは遅かった。

この事実を私がテレビで指摘すると、外務省の担当者はあわてた。こうした見解が広がると困ると思ったようだ。官僚は「失態」を決して認めない。

担当の外務省高官か官邸関係者が、親しい記者やコメンテーターに「実務的な首脳会談なので、簡素な出迎えを希望した」と説明した。それをまた、テレビで「官邸筋の話」として流す人たちがいた。そんなことを、わざわざ言い訳しなくてもいいのに、懸命に言い訳した事実は、私の判断が的を射ていたことを意味する。

取材記者も、この責任逃れの理屈に乗せられた。書かなくてもいいことを、書かされた。「実は、事前の打ち合わせで『歓迎式典をやりましょうか』と打診してきた北朝鮮側に対し、外務省が『実務的にいきましょう』と簡素な出迎えを希望した結果だった」（『外交を喧嘩にした男』新潮社）

これを取材した記者は、外交儀礼と「実務会談」との違いを理解していない、と指摘せざるを得ない。「実務的な会談」というのは存在しても、「実務的な儀礼」は存在しない。たとえあったとしても、華美で時間のかかる式典はしないということだ。出迎えの格とは、別な話だ。最高人民会議常任委員長が出迎えようが、外相が来ようが「実務的な接遇」は可能だ。

米国では、首脳会談を「ステート・ビジット（国賓待遇）」と「ワーキング・ビジット（実務訪問）」に分ける。だが、「ワーキング・ビジット」だからといって、下っ端の国務次官が日本の首相を空港に出迎えることはない。国務長官は、必ず姿をみせる。国務長官がいない場合は、国務副長官が接遇する。

首脳訪問の儀礼について知識を欠く政治部記者が、みごとに騙された記事である。知ったかぶりをしないという取材の原則を、忘れてはいけない。「ウソつき」官僚の発言には、常に疑問を抱き検証すべきだ。

これは、私が取材した事実とは違う。外務省高官と官邸関係者によると、当日まで誰が出迎えに来るか連絡がなかった。私は、前日に官邸の担当者から「誰が出迎えに来るのか、北朝鮮が教えないから困っている」と聞いていた。一般の企業でも、大企業の社長が中小企業を訪問した時に、下っ端の役員が出迎えるはずがない。たとえ実務的な歓迎であっても、礼を失することはできないのだ。

そのうえ、「大同江招待所」についても、金日成主席が七〇年代から八〇年代に外国の賓客を迎えた「由緒ある場所」と説明した。「由緒ある場所」と、公式の儀礼とは別の話だ。

まさか、日本側が「格下の迎賓館でもいいから、由緒ある場所にしてほしい」と要請したわけではないだろう。由緒があろうがなかろうが、日本の首相への失礼な扱いに怒るべきであった。これも、つじつま合わせの説明である。

この招待所は、平壌の中心部にはない。郊外にある。金正日総書記が、おわびに来た小泉を「平壌城外」で接見してあげたという構図である。おわびの儀式が終わった後は、城内への入場を許し記者会見させたのである。極めて屈辱的な首脳会談であった。

金正日総書記は、ジェンキンスさんと娘たちを小泉首相自身が説得するように促し、恥をかかせた。ジェンキンスさんには、絶対に「日本に行きたい」と言わせないように指示してあった。

小泉首相は、平壌での記者会見で食糧支援に触れ、経済制裁はしない方針も明らかにした。北朝鮮は、すぐに二十五万トンのコメを手に入れるはずであった。小泉首相は、日本に行こうとジェンキンスさんを懸命に説得したが、部屋には盗聴器がしかけられていた。結局、ジェンキンスさんは、説得に応じなかった。これは、小泉首相に恥をかかせる北朝鮮の作戦であった。

だが、曽我ひとみさんの家族の帰国が実現しなかったことに、日本の世論は硬化した。この結果、半分の十二万五千トンの食糧が供給されたに過ぎなかった。金正日総書記の「しっぺ返し戦略」に、かろうじて一矢を報いたのは、今回も国民世論の意向だった。

ジェンキンスさんと二人の娘は、首脳会談から一ヵ月半後の七月九日に、インドネシアのジャカルタに向かった。この時、重要な人物がジェンキンスさんに同行していた。拉致被害者を管理している責任者である。

彼は、それから四ヵ月後の日朝実務協議にも、姿を見せた。日本のメディアは、この人物にまったく注目しなかった。

姜東権こそ拉致被害者管理の責任者

二〇〇四年の一一月、平壌で第三回日朝実務者協議が行われた。北朝鮮側のテーブルに一人の重要人物が発言することなく座っていた。日本の新聞、テレビはこの人物に注目しなかった。

外務省の交渉者たちも、この人物に注意を払わなかったようだ。彼が、この実務協議の北朝鮮側の責任者であった。協議のすべてを、取り仕切っていた。

この男性は、北朝鮮側の交渉団の向かって左端の椅子に、無言で座っていた。名前は、姜東権《カン・ドンゴン》。もちろん、偽名である。役職は、外務省研究員。これも、偽の役職である。

日本との交渉に臨んだのに、日本語はまったく話せない。外務省職員でないことは、明らかだった。「外務省研究員」と名乗る北朝鮮側の代表は、外務省職員でないと考えていい。外務省の職員なら、正式の肩書きがあるはずだ。

実は、カン・ドンゴンはこの実務協議の四ヵ月前に、日本国民の前に姿を見せていた。初めての登場ではなかった。ジェンキンスさんが、平壌の空港で出国の書類を書いているときに、横で手続きをしていた人物である。テレビの画面にきちんと映し出されていた。

カン・ドンゴンは、ジェンキンスさんの監視役として、ジャカルタまで同行していた。ジェンキンスさんと二人の娘は、ジャカルタを経由して日本に帰国した。平壌の空港からジャカルタまで、三人の北朝鮮人が同行した。

その中で、カン・ドンゴンだけが積極的に日本のテレビ取材に応えていた。北朝鮮の当局者は、自由に発言できない。許可なしに話せば、責任問題になる。日本の取材陣への対応は、彼が許可を受けた高官である事実を証明していた。話していい権限を与えられていた。

カン・ドンゴンは、平壌では国家安全保衛部の局長である。拉致被害者担当の責任者として知られる。拉致被害者の管理は、国家安全保衛部が担当している。だから、責任者として彼が同行したのである。ミスターXの部下ということになる。

彼こそが、拉致被害者の実情を把握している高官であった。彼は、横田めぐみさんや有本恵子さんなど、なおかなりの拉致日本人が生存している事実を、平壌で関係者に語ったという。日本側は、二〇〇四年十一月の実務交渉で彼に激しく食い下がるか、彼と個別の話し合いを持つべきであった。

死亡とされた拉致被害者の偽の事実関係を提出したのは、彼である。また、横田めぐみさんの夫とされる人物を出し、偽遺骨を持たせる作戦を展開した責任者も彼である。つじつまの合わないウソの事実を並べた、茶番劇の張本人である。

だいたい、横田めぐみさんの娘のキム・ヘギョンさんは、最初は母親の命日さえ明確に言えなかった。お墓についても場所は知らないと言った。ところが、夫と称する人物は「遺骨は家に置いてあった」と明らかにした。お墓があるのが、ウソなのか。遺骨を家に置いていたのが、ウソなのか。話のつじつまが、まったく合わない。カン・ドンゴンは、ウソにウソを重ねる作戦を展開した。その結果、つじつまがまったく合わなくなった。

この実務協議で、もっと奇妙なのは「陳日宝」という人物の登場であった。北朝鮮の警察組織である保安省の職員だったという。この名前が本名でないことは、まず間違いない。偽名を作ったはずである。そうであれば、相当に日本側をからかった名前のつけ方である。

朝鮮人で「陳」という名前は、極めて珍しい。この名前は、朝鮮語では「チニルボ」と発音される。朝鮮語の「チニルボ」という発音で、すぐに思い出すのは「進一歩」の言葉だ。日本語と同じように「一歩前進」の意味もあるが、さらに積極的な意味がある。「問題解決」のニュアンスが含まれている。

朝鮮語がわかれば、「陳日宝《チニルボ》」と名前をつけた理由が解明できたはずだ。拉致問題を終わりにする、解決する会談（作戦）とからかったのだ。実は、日本側は北朝鮮側のこの「陰謀」を、事前に見破れたのだ。

読売新聞によると、〈北朝鮮側が直前に陳の名前を『進一歩』と、間違えて伝えたことが、疑念を増幅させた〉（二〇〇四年一二月一七日付）という。

この記事の通りだとすれば、日本側は直ちに北朝鮮側の「田舎芝居」を見破れたはずだ。朝鮮語の知識があれば、簡単にわかったはずである。ジャーナリストの私の朝鮮語の知識からでも、見破れたのだから、外務省の朝鮮語の専門家が気がつかないはずはなかった。

北朝鮮側が、二〇〇四年一一月の実務会談を「進一歩作戦」と名づけたのは、間違いない。拉致問題をこれで終わりにさせる、との思いが込められていただろう。この「進一歩作戦」から、「陳日宝」の名前を思いついたのだ。

北朝鮮では漢字は使わないから、「チン・イルボ」との名前にしたのだ。「チン・イルボ」は朝鮮語では、リエゾンするため「チニルボ」と発音される。ところが、日本側は漢字での表記を聞く。

しかたがないから、朝鮮半島では珍しい「陳」の名前を使わざるをえなくなったのだ。

実務協議で、日本側は「チニルボさん」と呼びかけていただろう。その度に、北朝鮮側は笑いをこらえていたはずだ。日本側が「問題は前進、解決」といってくれているように響いたのだから。

北朝鮮と日本の一部には、北朝鮮側が渡した「偽遺骨」のDNA鑑定を、「鑑定不能」として灰色の決着を期待していた節がある。鑑定できなければ「めぐみさんは死亡した」として、拉致問題の「灰色決着」を図る計画だったのではないか。

「灰色決着」の疑惑には、根拠がある。

日本政府は、第三回実務者協議の際に奇妙な行動をした。外務省の竹内行夫次官は、実務協議直前の一一月八日の記者会見で「日本からの支援物資が支援を必要とする人々まで届き、日本からの支援であることが認識された」と述べた。また、小泉首相は実務協議の成果について、偽遺骨の判断が出る前に「北朝鮮側の努力のあとはうかがえる」と、述べたのだった。

明らかに、残り十二万五千トンの食糧をすぐ出すための、意図的な発言だった。なにも、実務協議の代表団が偽遺骨を持って帰国したその日に、「努力のあとはうかがえる」と言う必要はなかっただろう。遺骨の真偽が明らかになってからでも、遅くはなかった。

こうした対応をみると、「食糧支援の残りを出す。さらに、追加の支援も行う」との裏約束があったとしか思われない。実務協議に、北朝鮮がただで応じるわけはない。「お土産」を間違いなく要求したはずである。

それは、約束した食糧の残りの引き渡しと、追加の支援であった、と私は疑っている。

第4章

平壌とワシントンからの証言

ミスターXはテレビに映っていた

ミスターXは誰か。日朝首脳会談の最大の謎は、まだ公にされていない。多くの推測が語られ、報じられた。

平壌でも、Xは密かな話題であった。首脳会談の成功と失敗の物語は、平壌の高官たちにとっては密かな楽しみになった。平壌では、他人の失敗は自分の安全を意味するからだ。

そうした高官の一人が、注目すべき情報を語った。

「Xは、首脳会談のテーブルに同席していた」

実は、日本のアジア大洋州局長は「Xは首脳会談に出席しない」と説明していた。

首脳会談前に、「君の相手のXは首脳会談に出ないのか」と日本側の同席者から聞かれた。「裏方ですから、出ません」と、答えていた。

北朝鮮工作機関に近づき、エージェントまがいの行動をしていた日本人がいる。彼はテレビに出演し、Xについてこう証言した。

「ミスターXは、二十四時間いつでも金正日総書記に接触できる人物です。金総書記に常に同行する側近です」

この説明は、脚色されてはいるが、かなり正確だ。Xの地位と権限を、よく説明している。自分が現場を見たわけではないだろうから、関係者に聞いた話であろうと思われる。

だが、エージェントまがいの人物がこうした発言をすれば、秘密を漏らしたとして怒りを買う。この人物は、その後他の問題にも関連し「二重スパイではないか」と疑われ、北朝鮮への入国を禁止された。

Xの素性は、今なお明らかにされていない。だが、日本国民の多くは、Xをテレビの画面でチラッと見たはずである。

二〇〇二年の九月一七日、小泉首相と金正日総書記の会談冒頭の映像が、テレビで中継された。入り口から向かって右側に、北朝鮮側が座った。その一番奥に、姜錫柱《カン・ソクチュ》第一外務次官がいた。その手前が、金正日総書記、総書記の手前に通訳の黄虎男《ファン・ホナム》の姿があった。私は、ファン・ホナムに平壌で何度か会ったことがある。誠実そうで日本語はじょうずだった。

私は、奇妙なことに気がついた。ファン・ホナム通訳の手前の席に、メモ用紙と筆記用具が置いてあった。ところが、誰も座っていなかった。

間違いなく、誰かが座る席であった。メモと鉛筆が置かれている以上、誰かのために用意されているのだ。しかも、写真には写りたくない人物である。

その席に、誰が座ったのか。日本側の出席者に聞くと、確かに後から一人座ったという。誰なのか。北朝鮮の高官たちに聞いてもらった。意外な答えが返ってきた。

「日本でミスターXと呼ばれる人物の席である。名前は言えない。対外的には本名は名乗っていない。日本の担当局長も、本名は知らされていない」
日本側の出席者も、名前は知らなかった。記録係だと思った。
最近になって、中国の外交関係者がXの名前を確認した。「金喆《キム・チョル》」という。だが、これも偽名のはずだ。

Xは、首脳会談に同席していた。

平壌の高官たちの思考と行動様式からすれば、Xが同席していないとおかしいのだ。Xは、首脳会談実現の立役者である。首脳会談は、彼の晴れ舞台である。会談に同席しないと、誰も彼の成果を評価しない。金正日総書記にはずされた、との噂がすぐ流れる。

別の高官が、あたかも自分の成果のように吹聴しかねない。そうした強迫観念や平壌中枢のポリティクスを考えると、Xは同席していたはずなのだ。

テレビの映像を詳しく調べると、会談冒頭の写真撮影が終わりカメラマンが部屋から追い出される直前に、一人の人物がこの席に座る映像が、映っていた。痩せ型で、四十代中ごろとおもわれた。本人は、通常はメガネをかけているが、首脳会談にはメガネをはずして登場した。

この映像は、その後日本テレビのニュース番組で、報道された。

担当局長は、外務省の幹部にXの名前はもちろん、肩書きも教えなかったという。ただ、平壌宣言の作成のためにごくわずかの時間だが、条約文書担当の責任者がXに会った。外務省関係者によると、平壌宣言の文案も、関係局長や幹部に早い段階で示さなかった。最後の最後まで、秘密にし

テレビに映ったミスターX。向かって右奥からカン・ソクチュ第一外務次官、金正日総書記、ファン・ホナム通訳。その手前に座ろうとしているのがミスターXである。

ていた。

Xは、なぜ本名と肩書きを公表することを嫌ったのか。北朝鮮では、工作機関の幹部と秘密警察幹部は、本名と本当の肩書きを外部の人間に教えてはならないことになっている。韓国に情報が流れることを、恐れるからだ。

このため、数個の別名を使っている。Xはキム・チョルの他に「張」や「李」の名前も使っている、といわれる。こうした慣行を知っていれば、Xの所属が工作機関か秘密警察であることは、すぐにわかる。しかも、軍人であると説明したという。軍人が現職のまま仕事をするのは、秘密警察である。

北朝鮮には、二つの秘密警察がある。「保衛司令部」と「国家安全保衛部（国家保衛部）」である。

保衛司令部は、一九九〇年代の後半までまったく知られていなかった。韓国の情報機関でさえ、実態を把握していなかった。

保衛司令部は、一九八〇年代は人民武力部（現人民武力省）の「保衛局」という一部局であった。それが、一九九二年に「保衛司令部」に昇格した。この背景には、旧ソ連の軍事アカデミーや東欧諸国への留学経験者たちによる、クーデター計画とスパイ事件の摘発があった。

この摘発を喜んだ金正日書記（当時）は、「保衛局長」を招き慰労した。金正日書記が「何か困ったことはないか」と聞いた。保衛局長は「捜査対象の将官の方が、捜査官より階級が上なので苦労しました」と、述べた。金正日総書記は、直ちに「保衛局」を「保衛司令部」に格上げし、保衛司令部員の階級を引き上げるように命じた。

さらに、中将職だった保衛局長を大将職に二階級特進させた。北朝鮮には、大将と中将の間に「上将」職がある。

保衛司令部は、人民武力省の指揮下には置かれていない。金正日総書記直属の組織である。軍幹部はもとより党幹部から民間人までを、捜査の対象にしている。金正日総書記の許可がなくても、幹部を逮捕できる権限も与えられた。逮捕報告は、事後でもかまわないという。

金正日総書記の長男、金正男《キム・ジョンナム》氏は、一九九〇年代後半に保衛司令部の事実上の司令官として君臨し、多くの人々を逮捕・処刑させた。この責任を問われ解任された後に、成田空港で拘束された。

「国家安全保衛部」は、韓国のかつてのＫＣＩＡ（中央情報部）と同じような機能と、権限を持っている。保衛司令部と違うのは、軍幹部に対する捜査・逮捕権限が制限されていることだ。

国家安全保衛部の要員は、国内ばかりでなく海外機関にも派遣される。商社員や外交官を隠れ蓑に、活動している。拉致やテロ、偽ドルや麻薬取引、武器の密輸など国際犯罪にも手を染めている。

国家安全保衛部は、警察機構である社会安全部（現人民保安省）の一部局「政治保安局」として発足した。一九五〇年代末に「国家政治保衛部」として、警察機構から独立した。ところが、一九七〇年代末に国家政治保衛部幹部らが反金日成勢力を組織し、摘発された。これに怒った金正日書記が、「政治」の名称を取り消し「国家保衛部」に格下げしてしまった。

一九九〇年に国家保衛部幹部たちと会談した金正日書記が、「もう一度仕事をしてみろ」と指示し、「国家安全保衛部」に名称を変更させた。秘密警察であるため、公式には「国家安全保衛部」の看板は掲げていない。対外的には「出入国管理事業所」などの名称を使っている。

国家安全保衛部の部長は空席で、三人の副部長が金正日総書記の直接の指示を受け、運営している。Ｘはいま、この第一副部長の役職にある。事実上の部長である。

拉致被害者を管理しているのは、国家安全保衛部である。

平壌の幹部たちによると、Ｘは首脳会談当時四十五歳で将軍の肩書きを持っていた。首脳会談の交渉を担当した時は、副部長であった。その後、第一副部長に昇進した。

後ろ盾は平壌の「ラスプーチン」？

Xは、正常化交渉で何も成果をあげなかったのに、なぜ昇進したのか。まず考えられるのは、「忠誠心」を見せつけたからだ。第二の理由は、強力な後ろ盾があるから、と平壌では噂されている。誰が、後ろ盾なのか。

いま、北朝鮮で権勢を誇る幹部がいる。日本では、その名前はほとんど知られていない。平壌で最も恐れられる人物である。取り締まり機関の国家安全保衛部と保衛司令部を担当している。彼の名前は、李済剛《リ・ジェガン》。七十歳を超えた老人である。

彼は、陰では「平壌のラスプーチン」と呼ばれている。

党組織指導部の第一副部長である。彼が、Xの強力な支持者だという。

北朝鮮で、最大の権限を握る表の機関は、党の組織指導部である。組織指導部の報告が、金正日総書記を動かす。裏の実力機関としては、「本部党（党本部ではない）」がある。金正日総書記の「私的な秘書局」である。外交から経済、秘密警察まで担当の副部長が「本部党」を構成している。

組織指導部は、党から政府組織、軍、核・ミサイル開発のすべての重要政策を、担当副部長が把握し報告する組織だ。幹部たちの管理も行っている。幹部たちを監視し、不満や反発が起きないように処遇している。

リ・ジェガンの名前が、外部に知られるようになったきっかけは、張成沢《チャン・ソンテク》氏の追放であった。チャン・ソンテク氏は、組織指導部の第一副部長であった。彼は、労働党の担当であった。追放後のポストに、リ・ジェガン副部長が昇格した。

チャン・ソンテク氏は、金正日総書記の義弟である。金正日総書記の妹（金敬姫《キム・ギョンヒ》）の夫である。北朝鮮の事実上のナンバー2と言われてきた。最も大切にする妹が、父親の反対を押し切って結婚にこぎつけた相手だ。

そのチャン・ソンテク氏が、二〇〇三年以来姿を見せなくなった。平壌の高官たちは「再起不能」と断言した。後継者をめぐる問題で、「分派活動をした」といわれた。ところが、チャン・ソンテク氏は二〇〇五年の暮れに奇跡の復活を果たした。復活に力を貸したのは、中国の胡錦濤国家主席といわれている。

中国は、延亨黙《ヨン・ヒョンムク》国防委員会副委員長の死で金正日総書記とのパイプ役を失った。新たなパイプ役が必要であった。中国の指導者が信頼できる人物が、チャン・ソンテク氏だった。金正日総書記に、ウソの報告をしない人物を、中国は求めた。

実は、チャン・ソンテク氏を追放させたのは、リ・ジェガンだといわれている。リ・ジェガンが、どのようにして登用されたのかは、明らかにされていない。金正日総書記の若い頃から、側で仕えていたと思われる。

リ・ジェガンは、九〇年頃から組織指導部の副部長として内部では知られるようになった。秘密警察の担当であった。

この権限を利用して、国家安全保衛部や保衛司令部に、政敵を次々逮捕、処刑させた。平壌では、キム・ジョンナム氏とキム・ヨンスン書記が、政敵になりそうな人物を次々処刑した、との噂が当初は支配的であった。最近になって、実はすべてはリ・ジェガンの仕業だった、との判断に変わってきている。金正日総書記の指示だとして、自分にたてつきそうな人物を、処分したというのである。

また、リ・ジェガンは秘密警察を使って政敵の情報を金正日総書記にあげさせることで、力を増していった。皮肉なことに、裏方に徹していたリ・ジェガンが表舞台に登場したことで、闇の部分での動きに高官たちも気がついた。

組織指導部には、チャン・ソンテクを含め三人の第一副部長がいた。

リ・ヨンチョルと朴松鳳《パク・ソンボン》であった。リ・ヨンチョルは軍全般を担当している。

パク・ソンボンは、優秀な原子物理学者で、核開発など軍需関係の担当者だった。護衛が、金正日総書記を暗殺しようと、ピストルを発射した際に身を挺して防ぎ、自分が犠牲になったといわれている。彼の死で、暗殺未遂事件がしばしば起きていた事実が確認された。

チャン・ソンテク氏の復活で、リ・ジェガンとの関係がどうなるかが、平壌の高官たちの最大の関心事になっている。チャン・ソンテク氏のリ・ジェガンへの報復が始まるのではないか、との期待があるからだ。北朝鮮ではここ数年、七十歳を超えた幹部は引退する方針が実行されている。七十五歳といわれるリ・ジェガンは、すでに引退の年齢に達している。

■工作機関は全員の安否情報に反対した

小泉首相は、二〇〇二年の四月初めに日朝首脳会談を決意したといわれる。この背景にあったのは、田中真紀子外相の更迭に伴う支持率の低下である。平壌の首脳部は、小泉首相が「支持率引き上げ」のために日朝首脳会談を必要としたことを、十分に理解していた。

小泉首相は、日朝首脳会談のおよそ八ヵ月前の二〇〇二年一月二九日に、田中真紀子外相を更迭した。この直後に、支持率が急落した。

小泉首相の支持率は、田中外相の首を切る直前の一月二六日、二七日には七九パーセントの高い数値を示していた（朝日新聞）。ところが、二月二日と三日に行われた調査では、四九パーセントに急落した。

支持率は、その後も回復せず下降を続けた。日本経済新聞の調査では、二〇〇二年の三月には四八パーセント、六月には四六パーセント、八月には四四パーセントと下降傾向は止まらなかった。厳しい調査では、四月には四〇パーセントギリギリまで落ち込んだ。このまま続けば、三〇パーセント台に突入する危険があった。七〇パーセント台の支持率と人気に支えられた政権だけに、支持率低下は政権交代を意味した。

小泉首相にとっては、支持率を上げるための対策が、急務だった。その際に思い浮かんだのが、金正日総書記との「日朝首脳会談」であった。韓国の金大中大統領が、「日朝首脳会談」を勧めていたことも要因であったはずだ。

小泉首相は、いつ首脳会談を決断したのか。

日本側はこう判断し、一枚の外交カードをちらつかせた。

「条件が整えば、小泉首相の訪朝もありえる」ともちかけたのだ。ただ、田中は小泉訪朝を実現したいそぶりは絶対に見せないよう心がけた。田中は小泉にも「仮説としてですが、首相に北朝鮮を訪問していただくケースもありえます」とささやいた。(『外交を喧嘩にした男』)

だが、この記事の書き方は極めてあいまいで自信のない表現である。「条件が整えば……」ともちかけたのは誰か、「主語」を明らかにしていない。「田中」が言ったとは、書かなかった。その一方で「北朝鮮側にその(首脳会談希望の)そぶりは見せなかった」と書いている。それでは、北朝鮮側に話を「もちかけていなかった」わけだ。総理の平壌入りを提案しなかった、ということを暗に認めていることになる。そうであれば、首脳会談は北朝鮮側が持ちかけてきたのだろうか。

いつ、どこで、どのように誰が、「日朝首脳会談」を持ちかけたか。これについては、口をつぐんでいる。ということは、「日朝首脳会談」を最初に北朝鮮側に打診したのは、田中アジア大洋州局長ではなかったということになる。

その一方で「首相に北朝鮮を訪問していただくケースも……」と、ささやいたと記事は書いている。これも、奇妙である。平壌入りするような大切なことを、「ささやく」はずがない。ささやくだけでは、困るのだ。はっきりと明言するか、その可能性について首相の決意を促す問題なのだ。「ささやいた」としたら、小泉首相は何と答えたのか、取材すべきだった。

「ささやく」とは、首相が局長に決意を告げるときの表現で、局長風情が首相にささやくものではない。取材の常識からすれば、誰かが「ウソ」をついている、というしかない。これは、ささやいた相手が福田官房長官であったのなら、理解できる話である。

一方、外務省の信頼も地に堕ちていた。機密費をめぐるスキャンダルや田中真紀子外相と外務官僚、鈴木宗男議員とのバトルが、連日マスコミで報じられていた。

小泉首相と外務省は、支持率や信頼を回復しなければならない同じ危機に直面していた。その状況で、アジア大洋州局長が「首相に北朝鮮を訪問していただくケースもある」と、自分か官房長官にささやいていたのなら十分に理解できるのだ。

平壌の高官によると、小泉首相から「首脳会談」の打診が伝えられたのは、二〇〇二年の四月であった。X以外のルートを通じて、その意向が伝えられた。朝鮮総連ではない。日本人のルートであった。小泉首相は、個人的なルートで「首脳会談」の可能性を打診したのだった。

金正日総書記にとっても、異存はなかった。日本側は気がついていたのかどうか、金総書記も小泉首相以上の苦境に立たされていた。小泉首相や日本の外務省以上に、危機的な状況に直面していた。

ブッシュ大統領が、北朝鮮に厳しい政策を展開していたのである。アメリカの軍事攻撃があるかもしれない、と北朝鮮は本気で考えていた。

ブッシュ米大統領は、田中真紀子外相が更迭された翌日の二〇〇二年一月三〇日（米東部時間二九日夜）、米議会で「一般教書」演説を行った。この演説で、イラク、イラン、北朝鮮を「悪の枢軸」と名指しした。大量破壊兵器を開発し、テロ組織を支援していると非難した。

北朝鮮は、アメリカによる軍事攻撃の可能性に怯《おび》えた。ブッシュ政権内部では、この頃からテロ組織への「先制攻撃論」が検討されていた。北朝鮮も、こうした情報を入手していた。

北朝鮮の心配を裏付けるように、ワシントン・ポスト紙（二〇〇二年六月一〇日付）は、ブッシュ政権の戦略転換を報じた。この記事は、冷戦時代の「封じ込め」による抑止戦略から、大量破壊兵器を持つテロ組織や敵対国への先制攻撃という新戦略を検討している、と報じた。米国の動きに、北朝鮮は敏感にならざるを得なかった。

また、韓国の動向も北朝鮮の不安を高めた。二〇〇二年一二月の韓国の大統領選挙で、野党の李会昌《イ・フェチャン》候補が当選する可能性が、当時は確定的だった。もし、イ・フェチャン候補が大統領になれば、北朝鮮への経済支援が完全に打ち切られるのは、間違いない。金大中大統領も逮捕されるだろう。そうなれば、北朝鮮は体制崩壊の危機に直面する。

アメリカの軍事攻撃と、韓国の援助中止を避ける方法はないのか。

北朝鮮の首脳部には、日朝正常化を急ぐしか選択はないように思われた。

困り果てていた北朝鮮に「日朝首脳会談」の話が、もたらされた。金正日総書記は、小躍りして喜んだはずである。小泉首相が自ら平壌を訪れる以上、「お土産」があるはずだ。それは「日朝国交正常化」と「経済協力」でしかない。

だが、日朝首脳会談には多くの難問が待ち受けていた。

最大の課題は、日本人拉致問題である。小泉首相は、拉致問題などの懸案を首脳間で話し合って解決したい、とのメッセージを伝えた。そのうえで、日朝正常化と経済協力を実現したい意向を、伝えさせた。

金正日総書記には、日本人の仲介者から次のようなメッセージも伝えられた。

「拉致問題について、すべてを認めることで、問題を一挙に解決できると思います。歴史的なチャンスは一度しかありません。二度は、できません。拉致被害者全員を出すことが、北朝鮮にとっても最良の選択になります。出し渋り、小出しにすれば、偉大な指導者としての尊敬を日本人から受けられません。チャンスは一回しかありません。両国民のために、賢明なご判断をお願いしたい」

不幸なことに、この要請は実現しなかった。

金正日総書記自身は、この要請を理解した。だが、実行は簡単ではなかった。工作機関や秘密警察が、こぞって反対した。日本政府が要求した十二人全員は、出せないと抵抗した。指導者の指示通りには、対応しなかったというのである。

「かなりの人たちが死んでいます」との報告をあげた。組織的なサボタージュが行われた。

平壌の高官たちは、信じがたい衝撃的な事実も証言している。関係機関のサボタージュに加え、日本側から「全員の安否情報はいらない」とのメッセージが、届いていたというのだ。

▒「生きている拉致被害者四～五人でいい」

小泉首相の首脳会談要請に、金正日総書記から「提案を受け入れる。詳細は担当者に詰めさせる」との意向が返ってきた。

金正日総書記が「首脳会談」に応じた理由の一つには、小泉首相と官邸への「恩義」があったという。実は、小泉首相が首脳会談を持ちかける一年前に、金正日総書記の長男、キム・ジョンナム氏が成田空港で拘束された。小泉政権は、「キム・ジョンナム氏とみられる人物」として、名前を公式には確認せず、早期に出国させた。この対応に、金正日総書記は感謝していた。

だが、北朝鮮の工作機関と秘密警察は、「拉致問題の是認」に、徹底して反対した。工作機関の「統一戦線部」や秘密警察の「国家安全保衛部」「軍の工作機関」の見解は、一致して「拒否」であった。

それでも、金正日総書記は「拉致を認め、一挙に解決する」との指示を下した、と北朝鮮の高官たちは証言している。

首脳会談での対応からは、にわかには信じがたい話である。それなら、なぜ横田めぐみさんや有本恵子さんを「死亡」とするウソをついたのか。全貌を明らかにせず、「出し渋り」と「小出し」にしたやり方は、とても「偉大な指導者の決断」とはいえない。

平壌の高官たちは、別の真実を語っている。工作機関や秘密警察が、金正日総書記の指示になお抵抗し、サボタージュしたというのだ。生存者は五人しかいない、との報告をあげた。生存者全員の帰国に反対だったからだ。また、当初は拉致被害者全員の安否情報も出さなかった。

金正日総書記は当時、日本側に「何人生きているのか、何人死んだのか、私も詳しくは知らないのです」と伝えていた。

帰国した拉致被害者らは、二〇〇二年の五月頃に監視の指導員から「日本に帰る気はないか」と聞かれた、と証言している。ということは、北朝鮮側はこの頃には、拉致の事実を認める方針を下していたわけだ。小泉首相からのメッセージを受けて、時間を置かずに対応した事実がうかがえる。

でも、なぜ拉致被害者全員の正直な情報と、生存者全員の帰国を認めなかったのか。最近になって、Xや北朝鮮の高官たちは、驚くべき事実を明らかにするようになった。次の言葉は、にわかには信じがたい話である。

「全員出すことはない、と言ってきたのは日本側である。日本側は、生きている拉致被害者を四人から五人程度出せばいい、後は正常化してから段階的に解決すればいい、と言った」

「日本側が言ってきたから、五人の生存者を出したのです。日本が生存者を全員出せと言えば、最初は拒否しても結局は出さざるを得なかった」

日本側の誰が、「五人でいい」と言ったのか。「それは、わかっているでしょう」と、北朝鮮側はいうのだ。

この日本側担当者の要請で、北朝鮮側は「拉致被害者を全員出さなくても、国交正常化できる」と判断したという。金正日総書記の指示をきっちり守らなくても、首脳会談と正常化には支障はないと考えたのだ。

この背景には、Xが日本の担当局長を、すっかり信用してしまった過ちがあった、と平壌では指摘されている。

日朝双方に、問題を大局からみつめ、歴史的な解決を構想する人物がいなかった。もし、この時に北朝鮮が生存者全員を明らかにし帰国させていれば、事態は大きく変わっていた。

また、核兵器の放棄を明言すれば、その後の安全保障と経済支援は約束できた。文字通り歴史的な首脳会談になるチャンスだった。それだけの大きな構想と解決策を描ける歴史的な好機に、関係者たちの器が小さすぎた、と言うしかないのだろうか。

Xは、外交経験のない四十五歳の「若造」であった。一方、日本側も首脳会談と日朝正常化だけを目指す、規模の小さい外交を展開した。日朝正常化だけでは、日本にも国際社会にも何の利益ももたらさない。

拉致被害者全員を救出し、核開発を放棄させ、北朝鮮が国際社会のルールに従う国家にならないと、正常化の意味はない。正常化しただけでは、拉致問題も核問題も解決しない。

担当者たちは、核開発の放棄という世界的な規模の問題解決に、取り組む構想力と勇気を欠いた。簡単なことではないが、日本が世界的な課題に貢献できる、やりがいのあるチャンスだった。それに挑戦しなかった。

Xは日本の官僚を全面的に信頼した

なぜ、Xは担当局長を、信用しきったのか。北朝鮮側の要請を、実現したからと考えるのが常識であろう。

二人は、当初相手がどのくらいの力があるのか、互いに瀬踏みした。Xの「実力」は、当時北朝鮮が拘束していた元日本経済新聞記者の釈放で証明された。Xが金正日総書記に直結したルートであることは、確認できた。

北朝鮮も同じように、担当局長の「実力検査」をしたのは前述した通りだ。Xもその「実力」を、確認した。日朝首脳会談実現まで、Xは「日本の田中局長はすごい。大変な実力者だ」と語っていた。

ところが、日朝正常化は実現せず、経済協力資金も取れなかった。北朝鮮が得たものは、何もなかった。当然、平壌ではXについて「あいつも若い。老獪《ろうかい》な日本の局長に騙された。あんなやつを信用するからだ」と言われだした。高官たちは「（金正日）将軍様も焼きが回ったのではないか。小泉と日本の担当局長ごときに騙された」とも、ささやき合った。

このため、金正日総書記は二回目の首脳会談で、小泉首相の「横面をひっぱたく」必要に迫られた。北朝鮮側の「冷遇」に、平壌の市民や指導部は「胸のすく」思いをしたという。

問題は、成果が確実に実行される「保証」であった。口約束だけでは、後で取りはぐれる恐れがある。確実な証拠がなければ、指導者は首脳会談に応じない。当然Xは、日本側に成果の「保証」を求めた。拉致を認めても日本から何も取れないことを、最も恐れた。口約束だけではだめだ。「保証」が必要であった。そして、日本側から「保証」を取り付けた。

覚書が存在する？

いくら北朝鮮が困っていても、無条件で首脳会談に応じるわけがない。そんな甘い国ではないことは、すでに説明した通りである。これまで金正日総書記と会見した人物で、お土産なしに会った人はいない。

ノーベル平和賞を受賞した金大中大統領は、明らかにされただけで五億ドル（約五百五十億円）

の現金を支払った。これは、金大中大統領の退任後に、韓国を揺るがす大きな問題になった。世論の批判や真相解明の要求に、金大中大統領は「統治権の問題である」と逃げた。

韓国の財閥の中には、「面会料」として三億ドル支払ったオーナーもいた。

中朝国境の北朝鮮側の新義州に、経済特区を建設する構想が発表されたことがあった。この特別地区の行政長官に任命された中国系オランダ人も、金正日総書記に三億ドルの現金を支払ったといわれる。だが、この中国系オランダ人が中国当局に逮捕され、計画は立ち消えになった。

こうしたことから、永田町周辺で「小泉首相も現金を支払った」との噂が流れたことがあった。金正日総書記が、ただで小泉首相と会うわけがない。「何をもらえるのか」「成果は何か」と、担当者に必ず聞くからだ。

現金は支払わなかったが、確実な約束をしたから首脳会談は実現したのだ。何を約束したのか。平壌の高官たちによると、Xは「日本側の覚書」を金正日総書記に示したという。何の覚書か。国交正常化の日時と、経済協力資金の額が書き込まれた覚書であった。

「二〇〇三年一月一日から、国交正常化する」

「経済協力資金は、毎年十五億ドルを六年間」

十五億ドルは、およそ千七百億円だ。しめて、一兆円を超える資金が投入されることになる。

さらに、経済協力が終わった後の経済支援についても、明記されていたという。覚書は、この二種類だけではなかった。もっと多くの項目についても、日本側の約束が記されてあったと、平壌の幹部たちは証言している。

この覚書の存在は、北朝鮮の立場からすれば当然である。

だが、拉致被害者の多くはなお生存している。その救出を放棄して、正常化を約束していたことになる。

拉致被害者は生きている

北朝鮮は、二〇〇二年九月一七日の日朝首脳会談で「拉致被害者八人は、死亡」と伝えた。しかし、横田めぐみさんや有本恵子さんらは、まず間違いなく生存している。かなりの人がなお生きている、と考えていいだろう。

拉致被害者に関する情報は、北朝鮮の外務省も教えられていない。すべての情報は、秘密警察の「国家安全保衛部」と軍の工作機関が握っている。

この国家安全保衛部の幹部が、二〇〇四年五月の小泉首相の再訪朝直前に関係部署の担当者たちと、対応を協議したことがあった。一人が、「八人のうち、何人生きているのか」とこっそり聞いた。

国家安全保衛部の幹部は、返事はせずに、右の手のひらを隠すように動かし、親指だけを折り曲げた。残りの指四本は、立てたままだった。

「四人生きている」という意味である。

それでは、横田めぐみさんはどうなのか。

「めぐみは?」

幹部は、人差し指を立て、唇に当てた。聞かないでくれという意味だ。

唇に当てた人差し指を上にあげ、天井の方を指した。自分よりも上の首脳部が決める問題だ、という。自分には権限がないというように、首を横に振った。それは、なお生きているという意味である、と受け止められた。

小泉首相が来たら、新しい拉致被害者を出すのか。国家安全保衛部では、金正日総書記が出せと言えば、二人か三人を出す準備はしていると明らかにした。小泉首相との交渉が激突し、北朝鮮側が譲歩せざるをえない場合には、対応できる用意はしていた。

だが、小泉首相との交渉は、それほど厳しい局面を迎えずにすんだ。新たな拉致被害者は、帰国できなかった。

北朝鮮のこうした対応を見る限り、横田めぐみさんも有本恵子さんも、なお生存しているのは、間違いない。他にも生存者は、間違いなくいる。

横田さんについては、二〇〇二年の首脳会談で「死亡した」と明らかにされた。ところが、それから何年たってもDNA鑑定できる骨一本出してこない。偽の遺骨と指摘されて、「高温で焼いたので、DNA鑑定できるはずがない」と反論した。これは、最初からDNA鑑定できないものを出すように工作した事実を、認めたことになる。

わざわざ、鑑定不能にするために高温で焼いた、と弁明したのだ。別に高温で焼く必要はないわけで、ＤＮＡ鑑定できる遺骨さえ出せば、北朝鮮の主張は証明された。にもかかわらず、高温で焼いたということは、偽の遺骨を出さざるを得なかったということだ。本人がなお生きているから、本物の骨は出せなかったのだ。

さらに、奇妙なのは夫と称する人物の言動である。「遺骨は家に置いてあった」と述べた。娘のキム・ヘギョンさんは、そうは言わなかった。キム・ヘギョンさんは二〇〇二年の九月に「お墓はどこにあるのか知らない」と、お墓の話をしていた。遺骨が家にあるとは言わなかった。ということは、夫と称する人物の話とはつじつまが合わないことになる。

キム・ヘギョンさんは、首脳会談から十三日後に外務省調査団と面会した際に、次のように答えていた。

「父に聞いたら、母は四歳か五歳の頃に亡くなったといわれた。お墓には、車で連れて行ってもらった記憶があるが、どこだか覚えていない」

これでは、夫の証言はウソだということになる。車で行かなくても、遺骨は自宅にあった。キム・ヘギョンさんは知らなかったというのだろうか。つじつまが合わない。

キム・ヘギョンさんは、調査団に母親の形見としてバドミントンのラケットを持参した。なぜ、最初に外務省職員が面会した時には、言及しなかったのか。

このラケットの存在も、奇妙である。北朝鮮の工作機関と秘密警察は、「日本人を拉致したことはない」「横田めぐみを拉致していない」と、言い張ってきた。「拉致していない」人物が亡くなった場合には、証拠を跡形もなく消すのが、秘密警察や工作機関の世界共通の原則である。

それなのに、最大の証拠であるラケットを残しておくはずがない。それも、娘に手渡すわけはないのだ。いずれ日朝正常化すれば、娘が日本人に見せるかもしれない。そうなれば、拉致の事実が明らかになってしまう。

そんなことを、させるわけがない。バドミントンのラケットが残っていたという事実は、横田さんが生きているという最大の証拠である。生きているから、本人が所持していたか、当局が保管していたのである。

有本さんについて、北朝鮮の高官は次のように語っていた。

「一九九八年に、有本さんを東欧に出してご両親に電話させ、拉致問題を解決させようとしたことがあった」

東欧のどこかの国から、有本さんの御両親に電話をさせ「北朝鮮に拉致されたというのはウソです。東欧の小さな国にいました」と言わせようとした。「拉致問題はない」として、解決を図ろうと計画したのだ。

この構想は、森前首相がブレア英首相に明らかにした。当時の新聞では、次のように報じられた。

〈日英首脳会談（森・ブレア）で、過去の交渉経緯の説明の中で、日本が第三国で行方不明者を発見する形を提案していた。一九九七年一一月の与党訪朝団（団長・森総務会長［当時］、副団長・野中広務、副団長・中山正暉）が提案したという〉（産経新聞二〇〇〇年一〇月二一日付）

この報道が事実であったことは、私も取材で確認した。この提案に基づき、一九九八年の三月から八月まで、日朝間で密かに交渉が行われたが、合意には達しなかったという。その後、日本の政治家の一人は東欧への出国が無理なら、平壌から「東欧にいる」と電話をさせたらどうか、とまで提案したという。

こうした言動は、有本さんが生きていることを証明している。北朝鮮の工作機関「統一戦線部」の責任者であったキム・ヨンスン書記が、この「電話作戦」に積極的に関わっていた。ということは、一九九八年まで有本恵子さんは間違いなく生存していたことになる。「一九八八年に死亡」との、北朝鮮の発表は真っ赤なウソというしかない。

ジャーナリストの高沢皓司氏は、一九九五年に、有本さんらの生存を確認していた。

官邸の一部やアジア大洋州局長は、二〇〇二年以降もなお日朝正常化を模索していた。同じ頃に米政府は、北朝鮮崩壊作戦に転じた。

偽札と偽タバコ制裁での崩壊戦略

日朝両国が、懸命に正常化交渉再開と拉致問題解決を模索していた頃、米国は北朝鮮崩壊作戦に再び転じた。偽ドルや違法な取り引きを理由に、北朝鮮への金融制裁を決めた。

デービッド・アッシャー元米国務省北朝鮮作業班調整官は、二〇〇五年まで北朝鮮との交渉を担当した。ケリー国務次官補が、濃縮ウランでの核開発を北朝鮮に認めさせた、二〇〇二年一〇月の平壌での交渉にも同席した。

ところが、彼は新任のクリストファー・ヒル国務次官補と肌が合わず、国務省を辞めた。ヒル次官補のあまりの弱腰に、嫌気がさしたという。これは、ワシントンでヒル次官補の無能さが話題にされる際には、必ず語られる事実だ。その後に、アッシャー元調整官のあげた成果が、あまりにも大きかったからだ。

国務省を辞任する前後に、アッシャー元調整官が取り組んだのは北朝鮮の偽ドル、偽タバコの摘発だった。米政府は、米国内で偽ドルや偽タバコが流通している事実を、二〇〇〇年頃から確認していた。二〇〇三年までには、北朝鮮が「マルボロ」などの偽タバコを製造し、密輸している証拠をつかんだ。多量の偽ドルも、米国内に流出していた。

アメリカ人は、違法行為には厳格である。合法か、違法かが、アメリカ人の判断の基準である。

違法な行為は、徹底して取り締まる。朝鮮半島では、法的な基準は余り尊重されない。違法でも、改心の様子を見せ、権力機関に手を回すと許されることがある。法の支配よりも、いわゆる「人治」の社会である。

北朝鮮の違法行為に怒った米政府は、本格的なおとり捜査を二〇〇三年末に開始した。偽のマフィアを政府の予算で立ち上げた。この偽マフィアは、北朝鮮の偽ドルと偽タバコ摘発を目的に、活動した。

二年近くたった二〇〇五年の八月、偽マフィアの親分が、娘の結婚式をでっちあげた。アメリカ東海岸のアトランティック・シティーで、結婚式を行うことになった。アトランティック・シティーは、「東海岸のラスベガス」として、知られている。

ここで行われる「偽の結婚式」に、偽ドルや偽タバコのビジネスに絡んだ関係者が、招待された。およそ九十人の招待客は、結婚式のパーティーを船上で行うと告げられ、用意された船に案内された。逃げられないように、船上パーティーを演出した。

招待客の乗船を確認すると、待ち構えたFBIの捜査官が、全員を逮捕した。海外からの招待客が、二十人ほどいた。アメリカ国内の組織や、在米中国人のマフィア関係者が多数逮捕された。米国には、中国の朝鮮族を装った北朝鮮からの偽装移民も増えている。アメリカの捜査当局は、こうした偽装移民の中に、偽ドル組織の幹部や工作員が紛れ込んでいる、とみている。

逮捕されたマフィア関係者から、販売ルートや送金先が明らかにされた。マカオの銀行バンコ・

デルタ・アジアの北朝鮮口座が、送金先だった。直ちに、金融制裁の措置が取られた。バンコ・デルタ・アジアに、制裁が科された。マカオ政府に北朝鮮関連の口座凍結を、要請した。

米国は、数年がかりで北朝鮮の資金をマカオの金融機関に集中させた。そのうえで、一網打尽にしたのだ。

米国が、北朝鮮の秘密資金の存在を確認したのは、二〇〇二年の初めだった。テロ組織の資金を洗い出している際に、シンガポールとウィーンで大規模なマネー・ロンダリングを見つけた。調べてみると、北朝鮮の資金であった。この資金の流れを止めると同時に、多額の資金を没収した。当時は、シンガポールがマネー・ロンダリングの中心地だった。

シンガポールを追われた北朝鮮は、しかたなくマカオに拠点を移した。マカオとは、古くから外交関係を維持していた。直行便も飛んでいた。

この間、米国の情報機関は、金日成主席の秘密資金の存在を確認した。二〇〇〇年頃に、金日成主席のスイスの口座の管理責任者と工作機関の幹部が、一人のアメリカ人ビジネスマンとシンガポールで会談した。このビジネスマンは、ヤミの金融ビジネスに精通した大物だった。彼は、米CIA（中央情報局）と深いつながりがあった。

北朝鮮の高官たちは、金日成主席がマルコス元フィリピン大統領に預けた資金の捜索を依頼した。マルコス大統領は、各国の独裁者の資金運用を行っていた。高い利回りが、約束された。アメリカがマルコス大統領を支持していたことから、多くの独裁者が信用した。

およそ二十億ドルの資金が、マルコスに預けられた。ところが、マルコスはその後追放され、ハワイで死亡した。預けた資金を、見つけ出してほしいと北朝鮮側は依頼した。成功報酬は、三〇パーセントだった。結局、発見できなかった。

これで、北朝鮮はスイス銀行に預けたかなりの資金を失ったことになる。北朝鮮は「戦争」に備え、約五十億ドルの資金をスイス銀行に預けてある、といわれていた。

米国は、二〇〇五年の九月にマカオの金融機関への制裁に踏み切った。マカオ政府は、一〇月に北朝鮮口座を凍結した。この時期は、結果的には実は絶妙のタイミングであった。北朝鮮は、海外で運用していた資金を、毎年一〇月にマカオに集める。マカオに多額の資金が集まった直後に、口座が凍結された。

北朝鮮のドル資金は、指導者の個人資金である。三十九号室と呼ばれる担当部局で、管理している。政府や銀行には、多額の外貨はない。軍の機関と軍関係の商社が、外貨の所有と運用を認められているに過ぎない。外貨は、ほとんどが海外で運用される。

その多額の外貨が、完全に差し押さえられた。北朝鮮にとっては「血の循環と息を止められる」（朝鮮中央通信）ほどの、衝撃であった。北朝鮮当局のこの言葉に、いかに深刻な事態であるかが込められている。

北朝鮮は、金融制裁をやめないと六ヵ国協議には応じない、との立場を明らかにした。しかし、米国はこれに応じるつもりはない。「北朝鮮に対する、政治的な制裁ではない。違法行為に対する当然の対応である。米国の国内問題だ」との方針を堅持している。

北朝鮮政府は、「偽ドル、偽タバコは製造していない。北朝鮮も被害者だ」と主張した。こんな言い訳を、米国が信じるはずがない。

この摘発は、テロ活動を対象にした米愛国法に従って行われた。「愛国法」は、九・一一テロ後に成立した特別法で、テロ組織やテロ国家への強硬措置を認めている。この法律に従えば、制裁はもちろん先制攻撃も可能になる。チェイニー副大統領やラムズフェルド国防長官は、密かに北朝鮮への軍事攻撃を検討させている。北朝鮮の偽札工場や偽タバコ施設への爆撃である。

さらに、核施設への攻撃も視野に入れている。

■死んでも核を放棄しない――ワシントンの現実主義

ブッシュ政権の高官たちは、「北朝鮮は最後まで核を放棄しない」との結論に達している。いくら六ヵ国協議をしても、北朝鮮の核開発を放棄させるのは不可能だ、との判断だ。そう判断した理由は、どこにあるのか。

まず、北朝鮮の指導者や首脳部の最大の関心は、現在の特権を失わないことだ。崩壊すれば、すべてを失う。体制を維持することが、最優先政策だ。

だから、すべてを犠牲にしても核開発は放棄できない。核を放棄すれば、ただの貧乏国でしかないことを、十分に理解している。そうなれば、アメリカは北朝鮮との交渉に、応じない。民主化や人権問題を理由に、体制崩壊戦略を進めるだけだ。

北朝鮮が核開発を本格化したのは、旧ソ連に捨てられ、崩壊の危機に直面したからだ。また、米国の軍事攻撃を極端に恐れたからである。そのうえ、核実験や核保有の危機を「人質」に、韓国から多くの支援を引き出した。だから、核開発を放棄すれば誰も相手にしなくなる現実を、北朝鮮は十分に理解した。

二〇〇五年九月の六ヵ国協議での共同声明は、米国の外交敗北であった。ワシントン・ポスト紙が指摘したように、「問題先送り」を糊塗した外交文書である。一九九四年のジュネーブ合意の水準にも達していない。北朝鮮は期限を切らない「核放棄約束」をしただけで、核査察に関する約束は、明記されなかった。

こんなに内容のない「共同声明」を成果と宣伝した米外交官を、私は知らない。私が思うくらいだから、ワシントンの専門家たちはもっと辛辣《しんらつ》だ。これほど交渉能力に欠ける米外交官はいなかった。六ヵ国協議のヒル米首席代表に比べれば、「ジュネーブ合意（一九九四年）」のガルーチ首席代表やケリー前国務次官補は、いずれも相当優秀な外交官であった。

米朝間の最大の争点は何か。核査察の受け入れである。六ヵ国協議の共同声明には、少なくとも「北朝鮮は、二〇〇六年から必ず核査察を受け入れる」との合意が書き込まれるべきであった。

北朝鮮は、二〇〇二年一〇月にウラン濃縮計画を認めたため、原子力発電所と重油を失った。アメリカの専門家たちは、北朝鮮がなぜ軽水炉の建設と毎年五十万トンの重油の無償供与を放棄するような行動に出たのかに、重大な疑問を抱いている。北朝鮮は、濃縮ウランによる核開発の事実を認めなければ、二百万キロワットの原子力発電所に手が届いていた。電力不足も、大幅に緩和されるはずだった。

それにもかかわらず、米国の怒りを招くウラン濃縮計画の事実を認めた。

北朝鮮にとっては、大変な犠牲である。無料で供与されていた年五十万トンの重油を失ったうえに、原子力発電所も夢と消えた。北朝鮮の発電量は、韓国のわずか六パーセント強にしかならない。人口は、韓国のおよそ半分だ。しかも、毎日停電が起きる悲惨な状況だ。

北朝鮮では、食糧難よりも電力不足のほうが深刻である。それにもかかわらず、五十万トンの重油と二百万キロワット能力の発電所を放棄した。北朝鮮の発電設備は七百七十七万キロワットである。一挙に、三〇パーセント近い発電能力増に当たる二百万キロワットの設備が加わるのだから、大変なことであった。

五十万トンの重油は、軍事転用が可能であった。これほどの石油と電力設備を棒に振っても、なお守るべきものが北朝鮮にはあったことになる。

それほどの犠牲を覚悟して、最後まで守り抜きたかったのは何か。米国の専門家たちは、「核査察拒否」であったと判断している。ということは、すべてを犠牲にしても「核兵器を保有する」という方針が存在することになる。

「米朝ジュネーブ合意書」によると、軽水炉の最重要部分が搬入される前に、「核査察」を受け入れることが義務付けられていた。しかも、この核査察には二年から三年の時間が必要になる。もし査察を受け入れれば、秘密の核開発が発覚する。

その決断の時期が、二〇〇二年末から二〇〇三年初めに迫ってきた。その最中に、ウラン濃縮計画を自ら認めた。この経過を考えると、核査察を「受け入れない」との決断を下したと見るしかない。それは、「死んでも核は手放せない」との強い意志である。

北朝鮮にとって、重油五十万トンと原子力発電所は何にもまして入手したいものである。石油と電力を捨ててまでも、譲れないものは核兵器だ。こう考えないと、北朝鮮の行動は理解できない。

そこには、核兵器の保有こそが、体制崩壊を防ぐ最大の「武器」であるとの確固たる方針がある。また、「軍優先政策」で肥大化した軍部が、強大な発言力を維持している現実も読み取れる。北朝鮮の報道機関は「核兵器は人民と兵士の血の結晶である。それを無償で放棄せよというのか」といった論評を掲げた。これは、軍の意向を代弁した主張である。

六ヵ国協議での最大の争点は、核査察の実施である。ところが、共同声明は「核査察受け入れ」とその時期を明記しなかった。共同声明は「北朝鮮は、すべての核兵器と既存の計画の放棄、核拡散防止条約（ＮＰＴ）への復帰とＩＡＥＡの保障措置協定への早期復帰を約束した」と、明記したに過ぎなかった。

しかし、これはまったく拘束力のない単なる「お約束」に過ぎない。共同声明では「合意」の言葉がないと、拘束力は極めて弱い。北朝鮮は、なんら実体のない「リップ・サービス」をしだに過ぎないのである。その一方で、アメリカを含む各国は「適当な時期に北朝鮮に軽水炉を供給する問題について話し合うことに合意した」と、記している。これは、アメリカは「軽水炉の供給」を約束したことを意味する。アメリカの「外交敗北」である。

北朝鮮が核開発を継続するもう一つの理由は、破綻した経済力である。経済力の喪失は、通常兵器の維持や戦闘能力にも支障をきたしている。その経済力を補って、米韓の軍事的脅威に対抗するには、核兵器の保有しかない。経済力が低下すればするほど、核兵器が唯一の武器になる。

通常戦力の維持には、武器の更新が避けられない。武器を購入できる、十分な経済力が必要になる。北朝鮮には、そうした経済力はもはやない。

一方、核兵器は一発でも保有していれば、脅威に対抗できる。これが、弱小国にとっての核兵器の魅力である。だが、北朝鮮の場合は核攻撃を受ける脅威は、存在しない。核の脅威がない以上、核開発など必要ないはずである。北朝鮮は、米国の核の脅威を主張する。しかし、北朝鮮がアメリカ本土を核攻撃できなければ、アメリカは核兵器で対抗する必要はないのである。

それでも、なぜ核開発を進めるのか。国際政治学的には、古代ギリシャの歴史家ツキディデスが「ペロポネソス戦争」で指摘した「過度の恐怖」か、「指導者の判断の誤り」である。あるいは、交渉カードとしての「核の魔力」に毒されたというしかない。核保有を、援助を引き出し体制崩壊を防ぐ「万能薬」と誤解しているのだ。

ところで、通常兵器を更新できないほどの北朝鮮の経済力は、どのくらいなのか。

北朝鮮の経済力は、相当に過大評価されている。日本の相手にならないほどに、小さな経済力だ。国家予算は、わずか三千億円弱である。その小さな「国力」を、「外交力」と「核の力」で、大きく見せている。日本の七十分の一程度の国力の国に、日米中韓の周辺「大国」がもてあそばれている。核の威力である。

ブッシュ政権は、六ヵ国協議に合意したのは、「対話をしていない」との批判をかわすためであった。「北朝鮮と直接交渉をしない」との原則を貫くために、多国間協議の中でなら米朝協議もおこなうとの方便に使っているに過ぎない。米国は、北朝鮮の核問題の責任を、中国に負わせるために、六ヵ国協議に参加したのである。

だから、六ヵ国協議で大きな成果が生まれるとは、考えていないのだ。ブッシュ政権にとって六ヵ国協議は、国内の「なぜ交渉しないのか」との非難をかわし、中国に「核問題解決」の責任を押しつける「駆け引き」の一つでしかない。

第5章

外交敗北

世界的視点での取り組みを

小泉純一郎首相は、「度胸のいい」政治家だ。

日朝首脳会談の実現と、自民党を変えた手法を考えると、そう思わざるをえない。それでも、改革はまだ道なかばである。

日朝首脳会談で、政府認定の拉致被害者全員の安否情報が出なければ、小泉内閣はたちまち崩壊していた。自分の政治生命を、金正日総書記の手の内に預けた。これは、他の政治家にはできない度胸である。

また、日米同盟を最優先した「政治感覚」は、みごとであった。ブッシュ大統領をはじめアメリカ政府高官の心をつかむ術《すべ》も心得ていた。アメリカ的なユーモアのセンスがあった。日本の政治家には珍しいタイプであった。

ただ、日朝首脳会談の時だけは「日米同盟」への配慮を忘れていた。そのおかげで拉致問題の扉が開いたのも、否定できない真実ではある。

小泉首相の政治手法を考えるたびに、マックス・ウェーバーの『職業としての政治』が頭に浮かぶ。この本は、政治家が直面する最大の問題として「心情倫理」と「責任倫理」を、指摘した。「心情倫理」とは、個人の信念や信仰などの動機を重要視する。靖国神社参拝は、心情倫理に従った行動である。

「責任倫理」とは、結果責任を意味する。中国や韓国との外交関係に影響が及ぶことを理由に、靖国参拝を中止するのは、責任倫理に従った行為である。

心情倫理と責任倫理の衝突は、誰もが経験する問題である。会社のために談合をしなければならないビジネスマンは、この葛藤に苦悩したはずである。あるいは、会社のために官僚に賄賂《わいろ》を渡さざるをえない人もいるだろう。

マックス・ウェーバーは、政治家はまず「責任倫理」を問われるとした。結果責任である。その上で、「心情倫理」と「責任倫理」をいかに融合させ得るかが、真の政治家かどうかの分かれ目になる、との宿題を残した。だが、彼も解決の方法は示せなかった。

だから、政治家にとって「心情倫理」と「責任倫理」の調和は、永遠のテーマなのである。

かつて、ドイツの著名な神学者ディートリッヒ・ボンヘッファーは、ヒトラー暗殺計画に加わり処刑された。キリスト教の神学者が暗殺計画に参加することは、聖書の教えに反するのではないか、との論議を呼んだ。しかし、彼は自身の責任倫理と心情倫理の葛藤の果てに、「暗殺せざるをえない」との結論に達したのだった。

私は、小泉改革の支持者であった。官僚制と族議員の壁に、小泉首相は果敢に挑んだ。「改革」への決断と勇気は、高く評価していい。

日本は、官僚制と「国会対策」政治家のために、政治と社会のシステムが硬直化した。中国と朝鮮半島では、官僚制が国を滅ぼしてきた。中国と朝鮮が開国と近代化に遅れたのは、官僚制のためであった。官僚こそが、「改革」への最大の抵抗勢力だった。

官僚制を過大評価してはならない。官僚制は、安定すると「守旧勢力」「利権集団」になり、国を滅ぼす。官僚制は、改革が嫌いだ。日本は、いまや官僚制の「毒素」が全身に回りつつある。改革よりも「省益」が優先され、そこに「国会対策」を得意とする政治家が「族議員」として、加勢する。

小泉首相は、「田中派的な、カネと談合にまみれた自民党政治を解体する」という心情倫理と、「改革」という責任倫理を融合させようとした。日本政治の古い体質は、永田町からほとんど消え去った。なお古い政治手法を展開しているのは、青木幹雄・参議院自民党議員会長と古賀誠議員ら数名といわれる。小泉首相は、日本の政治を国民にわかりやすいものにした。

ところが、外交面でこれを検討してみると、違う一面も浮かび上がる。靖国参拝という心情倫理と、良好な日中、日韓関係の維持という「責任倫理」の融合には失敗した。

というよりも、国際関係についての知識が、やや不足していたのではないか、と思わざるをえない面がある。世界的な視点で、日本外交の役割を考えるべきだった。人権問題と核拡散防止という、歴史を導く価値観と視点から問題に対応できたはずだ。

日朝首脳会談でも、アメリカが反対するとは思っていなかった。また、核問題が解決しないのに、日朝正常化をすれば日米同盟が危機に陥る、との認識に欠けていた。

小泉首相は、九・一一テロでは日米同盟の重要さを理解し、米国への最大限の協力を示した。その反面、対北朝鮮政策は日米同盟の問題である、との認識が不足していた。A局長にも、この理解はなかったと思わざるをえないのである。

実は、小泉首相が靖国神社に参拝できたのは、靖国参拝が日米同盟を揺さぶる要素にならなかったからだ。もし、靖国参拝が日米同盟の危機を招く状況になると、日本の首相は靖国参拝できないことになるのである。

日米同盟は、一九八九年の冷戦終了後ずっと、崩壊の危機に直面してきた。日本の政治家や識者が、この「危機」にどれほど気づいていたかは、わからない。日本では、あまり論議されなかった。また、それが表面化しなかったのも事実である。沖縄の普天間基地の移転をめぐる問題の根底にも、同盟の危機がある。

この「危機」を、一九八九年の冷戦終了直後にいち早く指摘したのはロバート・ゼーリック前国務副長官であった。ゼーリック前副長官は、ブッシュ大統領の父親のブッシュ政権（一九八九—九三年）で国務次官に就任した。その直後に、米誌のインタビューで日米同盟が「共通の敵」と「共通の価値観」という、同盟を維持する要素を失いつつあると指摘した。そのうえで、自分の役割は「同盟維持の新たな共通の価値観」を見つけ出すことにある、と述べた。

敵が消滅した時代に、「共通の価値観」なしには日米同盟は維持できない。「敵を必要としない」同盟という、二一世紀の課題への取り組みを、相当に早い時期に構想していた。それが、共通の課題への取り組みである「グローバル・パートナーシップ」構想だった。だが、この構想は必ずしも日本国民に浸透していない。

私は、ゼーリック前国務副長官のこの深い考えと日米同盟に寄せる愛情に、感銘した。彼は、大学時代に寮で尊敬すべき日本人の留学生と、ルームメイトだった。この日本人留学生に、日本への目を開かされた、と今なお語っている。日本人留学生は、外務省派遣の外交官だった。今もなお二人は、強い友情で結ばれている。

ブッシュ大統領の父親は、一九八九年に大統領に就任した。日本では「親日」と思われているが、本当は「親中」だった。第二次大戦にパイロットとして参戦し、日本軍に撃ち落とされた。米政府の初代北京事務所長の経験から、中国に傾斜していた。日本よりも、中国に好意を抱いていた。これに対して、ゼーリック国務次官は、「日本ほど大切な国はない」と説いた。

パパ・ブッシュ大統領は、就任直後の記者会見で、アジアにはミャンマー、日本、タイなどの国があるが、地域問題の解決に中国ほど重要な国はない、と語った。日本をアジアの小国と並べ、中国の重要さを強調した。それをテレビで見ていた、ジム・ベーカー国務長官とゼーリック次官は、「そんな事を言っては、いけない」と思わず声をあげた。ベーカー長官は、この記者会見について大統領に「二度と同じ事を言ってはいけない」と苦言を呈した。その裏には、ゼーリック次官の強い要請があった。

当時、こうした同盟の危機を感じていた日本の政治家や外交官は、ほとんどいなかった。彼の慧《けい》眼《がん》である。この危機意識から彼は、日米の新たな価値観として「グローバル・パートナーシップ」を掲げ、「共通の価値観」を創造しようとした。しかし、この「新しい価値観」の創造は、日本国民や政治家の間にはなお理解されていない、というのが現実だろう。

ゼーリック前副長官は、日本では「日本嫌い」との誤った評価を受けている。だが、私の取材では責任の八〇パーセント以上は日本の官僚にある。自分たちの失敗を隠すために、ゼーリック前副長官を悪者にしたのである。

普通の日本人の感覚なら、親日派のアメリカ政府高官を大切にし、できるだけ高い地位に上れるよう気を配る。ワシントンで、親日派といわれることは、決して有利な評価を受けない。「日本に甘いのではないか」「日本の手先ではないか」と、警戒の目でみられる。それを、日本側が理解していれば、むしろ無理な頼み事はせずに本人を応援するのが、友人への対応だろう。

ところが、日本の官僚や外交官は「親日家だから、日本のために譲歩してくれる」と期待した。その期待が裏切られると、「反日だ、日本嫌いだ」との烙印を押したのだ。あるいは、面会を拒否されると「反日だ」と批判する始末だ。これは、品格の落ちる対応というしかない。ゼーリック前副長官は、あくまでもアメリカの国益のために仕事をしているという常識がわかっていない。ただ、日米同盟はアメリカにとって最も重要な関係だということで、日本を応援しているのである。

ゼーリック前副長官からすると、日本の官僚は決断や決定を先延ばしする。いくら交渉しても、最後には逃げる。そんな決定権限のない官僚に会っても、時間のムダだ。相手は、ゼーリック前副長官に会えたことだけを、「成果」として持ち帰る。だから、「決断できる人なら、誰とでも会う」と言っているのだ。

私の取材経験では、父親のブッシュ政権（一九八九―九三）と息子のブッシュ政権（二〇〇一―）を通じて、ゼーリック前副長官ほどの「親日家」はいない。「アジアでは日本ほど大切な国はない。中国ではない」と、言い続けてきた。日米同盟の危機をゼーリック前副長官ほどに憂慮している米政府高官も少ない。

ゼーリック前副長官が憂慮し続けた「日米同盟の危機」を、短期的に救ったのは、皮肉にも北朝鮮であった。北朝鮮の核開発とミサイル、拉致、工作船の活動は、北朝鮮を「日米共通の敵」として認識させた。冷戦終了で消滅した「共通の敵」を国民に実感させたのである。

特に、一九九八年のテポドン・ミサイルの発射が日本国民に与えた衝撃は、大きかった。こうして同盟の危機が、短期的にだが解消されたのである。拉致問題の解決を日米共通の課題とすれば、日本国民の「日米同盟」への信頼は高まっただろう。アーミテージ元国務副長官は、これに十分に気づいていた。このため、拉致を「テロ」と認定した。また、拉致問題を日米共通の外交目標とすることに、気を配った。ところが、日本の外相や外務省高官の反応は鈍かった。

この結果、日米両国の首脳は「拉致解決」を共通の目標には、必ずしも設定しなかった。日本側が、要求しないからだ。このため、両国はなお「共通の価値観」を発見できない状況にある。だから、日朝正常化が実現すれば、日米同盟は間違いなく崩壊の危機に立たされた。

米国は北朝鮮を「悪の枢軸」「独裁国家」「核拡散の元凶」「犯罪国家」と明言している。日本が国交正常化に踏み切れば、「共通の敵」と「共通の価値観」は、一瞬にして失われる。日本は、核問題解決に背を向け、人権問題を中途半端に処理し、独裁・犯罪国家を支援したことになる。米国の議会と世論はもちろん、政府も、厳しい目を向けただろう。

だから、米政府高官と、外務省の一部に強い憂慮が生まれた。米政府に内緒で日朝正常化を推進した当時の担当局長は、そうした戦略的視点と懸念に欠ける、とみられた。日米同盟よりも、外務省の失地回復や外交官としての野心が先行した、と思われたのだ。また、外交よりも「ミスターX」との個人関係を優先させた。

その結果、日朝正常化は実現しなかった。

かつて、一九九〇年の金丸信・元副総理による訪朝と正常化交渉も、「日米同盟の危機」を招いた。その結果、金丸氏は政治生命を失った。その教訓をアジア大洋州局長らは、最後まで理解できなかったのではないか。「日朝正常化実現」という個人的な「野心（心情倫理）」を優先させたというしかない、と私は考えている。

北朝鮮との関わりには「魔物」が潜んでいる。

北朝鮮に深入りして成功した政治家や外交官、日本の経済人を私は知らない。ほとんどが、政治生命と評価を失い、晩節を汚した。

なぜか、政治家や経済人ばかりでなく、北朝鮮に関わったジャーナリストもほとんどが信頼を失った。一言で言うと、死屍累々《ししるいるい》である。

その最大の原因は、日本と北朝鮮では善悪の価値観と人間観がまったく違うことにある。

北朝鮮はなお「南朝鮮（韓国）革命」を掲げる「工作国家」である。工作は、目的のためには手段を選ばない。必要なら、いくらでもウソをつき人を使い捨てにする。これは、現代の国際社会の価値観に反する。だから、北朝鮮担当者の「おためごかし」や「ウソ」を真に受けて対応すると、大怪我をするのだ。日本の国民や国際社会には、北朝鮮の価値観は受け入れられないからだ。

外交は、工作とは違う。ウソをついては、成り立たない。長い付き合いと信頼が不可欠だ。

北朝鮮は長年、工作機関に、日本との交渉や接触を担当させてきた。二〇〇二年の首脳会談では、秘密警察の幹部が担当した。これでは、外交にはならない。

日本の政治家や外務省幹部の中に、北朝鮮の外務省よりも工作機関を積極的に受け入れる人たちがいた。これが、日朝の外交官同士の接触や交渉を妨げてきた。日本の外務省高官たちは、工作機関や秘密警察の介入を拒否しなかった。もう少し正確に言うと、自民党の実力者といわれた政治家たちが、外務省に「工作機関の担当者と折衝するよう」圧力をかけたのである。

外交とは「理解可能性」を高める作業

外交とは何か。これについては、多くの本が書かれている。また、外交官によって、それぞれ考えが違うかもしれない。

外交について考えるたびに、私には忘れることのできない人物と言葉がある。ドイツ統一の立役者の一人であったゲンシャー元西独外相だ。ゲンシャー外相は、米国に尊敬されながらも、最も嫌がられた外交官である。その手腕と粘り腰に、アメリカの外交官は脱帽した。

ゲンシャー外相は、よくワシントンを訪問した。私は、ワシントン特派員時代に、たまたま彼の講演を聞く機会を得た。この講演で、彼は「ドイツ外交の理念」と、「外交」とは何かについて感激あふれる話をしてくれた。

戦後ドイツの外交理念について、ゲンシャー外相は「作家のトーマス・マンの思想を受け継いだ」と明らかにした。

トーマス・マンはユダヤ系ドイツ人で、第二次大戦中はナチスの手を逃れ、アメリカに亡命していた。ドイツの降伏直後に、ワシントンで戦後のドイツについて講演した。

この講演で、トーマス・マンは「ドイツは、ヨーロッパをドイツ化しようとして負けた」と指摘した。そして「戦後のドイツは、ドイツのヨーロッパ化を目指すべきだ」と、訴えたという。ゲンシャー外相の世代は、このトーマス・マンの理念に感動した。

こうして、ドイツは「ドイツのヨーロッパ化」を外交理念として掲げた。

この発想は、日本とアジアの関係にも当てはまる問題である。日本も、植民地支配と「大東亜共栄圏」でアジアの日本化を目指し、敗北した。だが「日本のアジア化」や「アジアの一員としての日本」といった理念には、到達しなかった。

それでは、戦後の日本は何を目指すべきだったのか。その答えを見出せないまま、戦後の日本外交は出発した。「アメリカと戦って勝てない」という教訓が、「日米同盟の強化」を外交の柱にしたのである。その選択は間違いではなかったにせよ、アジアは日本外交の理念から忘れ去られた。

ゲンシャー外相は、引き続き「外交とは何か」について、自分の外交経験に裏打ちされた「理論」を語った。

彼によると、外交とは相手の「理解可能性」を高める作業だという。文化も歴史も、宗教も価値観も違う相手との交渉は、自分たちの要求を相手が百パーセント理解すれば、解決は難しくないというのだ。この相手の理解を高めることを「理解可能性」と表現した。

「理解可能性」を高めるためには、はっきり物を言わないといけない。何を要求し、どのように対応してくれたら問題が解決するかを、相手が十分理解するように伝える必要がある。日本人のように、言わなくても相手が理解してくれることを期待したら、理解可能性は高まらない。はっきり物を言うことが、重要になる。

ところが、日朝首脳会談前後の交渉で、日本ははっきり物を言わなかった。

拉致被害者について「全員を戻せ」とは言わなかった。首脳会談前に日本が要求したのは、政府が拉致認定した「十二人全員の安否情報」だった。安否情報さえ出してくれたら、「正常化交渉を再開し、国交正常化する」と約束してしまった。

拉致は、北朝鮮の国家機関による主権侵害である。主権侵害は、国際法上「原状回復」が原則だ。金大中拉致事件では、多くの日本人が金大中元大統領候補（当時）の「原状回復」を叫んだ。韓国の民主化を求める運動に従事した人々は、「金大中氏の原状回復」を強く求めた。ところが、同じ人たちが日本人拉致については「原状回復」を求めなかった、中には「拉致はない」と最後まで北朝鮮を弁護した人たちもいた。

政府は、最初の段階で「原状回復」と「拉致被害者全員の帰国」を要求すべきであった。一回で、すべてを解決すべきであった。そうしないと、日本国民は日朝正常化を認めない、と北朝鮮を説得すべきであった。それが、できなかった。あるいは、しなかったのかもしれない。

日朝首脳会談をどうしても必要とした小泉首相の事情が、北朝鮮に遠慮したのだろうか。はっきり物を言わなかったのである。北朝鮮の「理解可能性」を高めなかった、との疑問は深い。

日朝首脳会談の際に、小泉首相は次のことをはっきり伝えるべきであった。

（一）　拉致問題は、一挙に解決すべきだ。拉致被害者全員の帰国が、北朝鮮にとっても最良の選択だ。生存者は全員帰し、死亡者については事実関係を明らかにしてほしい。拉致被害者への補償も実行してほしい。そうすれば、北朝鮮の指導者は国際的に高く評価される。国交正常化まえの協力も可能になる。

（二）　北朝鮮が核開発を放棄しないと、国交正常化はできない。核開発を放棄すれば、日本は最大限の経済協力ができる。アメリカとの国交正常化も実現できる。誰も、北朝鮮を軍事攻撃しない。

だが、日本政府はここまで金正日総書記の「理解可能性」を高める努力をしなかった。それが、拉致問題の解決を一層困難なものにした。

この「理解可能性」を、現実の問題に適用してみるとどうなるか。

例えば、小泉首相の「靖国参拝」問題である。

小泉首相は「A級戦犯の霊に参拝するわけではない」というが、中国や韓国の「理解可能性」は高まらない。だから、なかなか解決しないのである。双方のファイナル・ボキャブラリー（まえがき参照）が、ぶつかっている。

中国や韓国では、首相の靖国神社参拝で日本が再び「軍国主義に向かうことはない」との日本の現実を理解できない。もっと根本的な問題は、中韓の一般市民の日本の再侵略への「恐怖」が、消えないことである。また、「日本人」のイメージが、「悪い人」「侵略者」として、固定しているためでもある。

日本の国民には、中国や朝鮮半島の国家が、日本を侵略した歴史の記憶はほとんどないだろう。ただ一回、鎌倉時代に元が攻めてきて失敗した事実がある。それと比較すると、朝鮮半島の人々は百済《くだら》滅亡時の日本からの出兵や、豊臣秀吉の二回の侵略、日清戦争、植民地支配など日本の軍隊派遣を何度となく経験している。倭寇《わこう》の被害にもあった。この歴史の記憶と教訓が、日本とは違う。

日本はまた攻めてくる、というのが韓国民の歴史の教訓である。

こう説明すると、反論したがる日本人もいるだろう。しかし、韓国人が歴史をどう受け止めているかという現実を理解したうえで、論議してほしいと私は指摘しているのだ。

韓国でも北朝鮮でも、戦後の日本がいかにかつての戦争を反省し、民主的な国家制度に転換したかを知らない。戦後の日本の変化への無知が、警戒心と恐怖心を必要以上に高めている。

一方、小泉首相も韓国で神社参拝を拒否した牧師や信者が多数投獄され獄死した事実は、知らないだろう。韓国では、神社参拝に反対し獄死した「朱基徹《チユ・ギチヨル》牧師」は、歴史の教科書できちんと教えられる。日本での中国、韓国に対する「理解可能性」も、決して高くはない。

小泉首相が「再び戦争をしない決意のために、参拝している」というのなら、「日本はアジア諸国とは再び戦わない」「アジア不戦宣言」などを提案し、実行する必要がある。あるいは、アジア各国の首脳と共に八月一五日を「アジア不戦の日」として、記念することが重要だ。

たとえ靖国参拝をしようとも、アジア諸国の「歴史の痛み」「家族の痛み」は共有し理解できるはずである。日本の指導者の誤った判断で死んだ国民・家族の痛みと共に、中国人や韓国・北朝鮮人との「人間の痛み」は共有できるはずなのだ。A級戦犯たちは、彼らの「誤った判断」で多くの国民の命を失わせたのである。その歴史責任が、消え去ることはない。

日本はこの「アジアの歴史の痛み」を担うことを、外交政策の柱として掲げるべきである。日本は、アジアが困った時には面倒をみてくれる存在である、との信頼を高めることが重要である。

外交政策を論議する場がない

日朝首脳外交は、日本外交に歴史的な教訓を残した。

国民の支持なしには、外交はできないという教訓である。二一世紀の外交は、外務省が勝手に動かせないという現実に直面した。それまでの外交には、政治家や国民には国際問題や外交はわからない、という「おごり」があった。

また、政治家の言いなりになったら日本の国益は失われる、との自負も外交官にはあった。こうした自尊心の強い外交官にとって、朝鮮問題では自分たちよりも知っている専門家や拉致被害者家族が存在するという現実は、はじめて直面する事態であった。

拉致問題をめぐる外務省と、拉致被害者家族・国民の攻防は、日本の外交に新しい衝撃を与えた。国民の支持なしには外交はできない時代の到来を、外務官僚は実感したはずである。

だが、外務省高官の中には「六ヵ国協議で拉致問題なんか、恥ずかしくて論議したくない。もっと大きな問題がある」と、取材記者に語る外交官もいる。ウソではない。

かつて外務省の槙田邦彦アジア局長は、自民党の会合で「たった十人（当時の認定拉致被害者）のことで日朝国交正常化交渉が止まっていいのですか」と述べた。「日朝国交正常化」のためには、国民を犠牲にしてもいいという外交感覚である。この発言は、日米同盟への理解も欠いていた。最近では「核問題という、もっと大きな問題を忘れてはいけない」という主張もある。

これらは、「拉致棚上げ論」である。冷静に考えてほしい、日本国民にとって拉致以上に大切な問題があるのか。日朝正常化が遅れて、失うものがあるのだろうか。二〇世紀初頭のように、大国が朝鮮半島の取り合いをしているわけではない。「正常化推進論」は、日本にとって実利も戦略もない。

私は、日朝正常化は戦略的には必要だ、と考えている。困っている隣国を助けるのは、日本の義務である。

しかし、日朝正常化は拉致被害者全員の帰国と核放棄との引き換えであるべきだ。また、北朝鮮がより民主的で人権問題のない国家になり、市場経済を導入するために、行うものである。ただ正常化しただけでは、これらは実現しない。日本の戦略的外交と対応が必要だ。

日本が多額の経済支援をしても、いずれ北朝鮮は崩壊する。北朝鮮の崩壊は、朝鮮半島の統一を意味する。日本は、統一への援助は拒否できない。ということは、早期の正常化は、二度も支援を実行することを意味する。

こうした外交問題を論議する場が、日本にはない。アメリカでは、国際問題と外交専門誌の「フォーリン・アフェアーズ」が、重要な役割を果たしている。外務省は「外交フォーラム」誌の発行に関わっているが、外務省に批判的な論者は登場させない。だから、公平で質の高いまじめな論議が行われる場とはみられていない。外務省の「宣伝誌」と堕してしまう。残念ながら、御用雑誌とみられている。信用度と質は決して高くない。登場する学者や専門家は、外務省の手先とみられがちだ。

経済政策や国内問題では、論議する場所は多い。ところが、外交問題で質の高い論議ができなかったのだ。また、外務省の一部には「外交は、有能な外務官僚がやるものだ」との自負もあった。利権屋的な政治家に、国益を損なわせるわけにはいかない、との思いもあった。その使命感は、評価すべきであろう。

だが、時代は変わった。北朝鮮問題について言えば、外務省の官僚たちは必ずしも専門家ではない。基礎知識も十分ではない。経験を積んで、理解と判断力がつくところには、他の部署に栄転する。

外務省は、当初は拉致問題に極めて冷たかった。相談に来た拉致被害者家族に、「騒ぐと命が危ないかもしれません」と、語ったのである。拉致被害者家族たちの決断が、これを変えた。声を出さなくても帰国できないのなら、「公にして殺されることも覚悟する」との決意であった。

拉致問題の前進は、外交問題を公の場で論議することがいかに重要か、という教訓を残した。国民の支持なしには、外交は推進できないのである。外交問題を公に論議することでしか、国民の信頼を獲得し政治家の意識と関心を高めることはできないのである。

終章

日米同盟の再建

歴史的なブッシュ大統領と横田さんの会見

ブッシュ米大統領は、二〇〇六年四月末、横田めぐみさんの母、横田早紀江さんとホワイトハウスで会見した。異例のことであった。ブッシュ大統領は、「大統領になって、最も心動かされた会見であった」と述べた。日本の首相や外相が、あれほど丁寧に拉致被害者家族と会い、温かい言葉をかけたことはなかった。国民は、拉致被害者家族や帰国した拉致被害者を、官邸や外務省公館に招き、昼食や夕食でねぎらい激励する「温かい心」を、期待していた。

この日本国民の期待に応えたのは、アメリカの指導者であった。ブッシュ大統領は、日本国民の心をつかんだといっても過言ではないだろう。

ブッシュ大統領の会見は、米国が拉致問題を日米同盟の共通の課題として取り組む意向を表明したことになる。拉致問題の解決を、日米同盟の目的と「価値」として認め、共に取り組むことになったわけだ。この会見の日米関係における、歴史的意義は大きい。日米両国は、同盟を維持するための「共通の価値（目標）」の一つとして、ようやく拉致問題をみつけたことになる。

一部の外務省高官や自民党実力者が、積極的な取り組みを回避したその拉致問題が、じつは日米同盟の機能を回復させる最大の「共通の価値」として、見直されたのである。何とも、皮肉な結末である。日米双方の高官や、日本の指導者はもっと早くから、その意味に気がつくべきであった。

北朝鮮に遠慮した政治家や外交官の責任は、大きい。

拉致問題は、日米が協力して取り組めば、解決は決して困難ではない。北朝鮮は、米朝国交正常化なしには、生き残れないことを理解しているからだ。米国が「日本人拉致問題が解決しない限り、米朝国交正常化をしない」と明言すれば、北朝鮮はやがて拉致問題解決に応じざるをえなくなる。これが戦略的外交対応である。

日本政府はこれまで、拉致問題を日米共通の課題とするよう、米国に要求してこなかった。これは、日米同盟を維持するうえでは、誤った判断であった。この事実に、米国は早くから気がついていた。だが、日本政府の要請がなければ、米国が勝手に日本の拉致問題を日米共通の課題にすることは、難しい。

米国はここ数年、日本での「反米」や「嫌米」の空気を気にしていた。このままでは、日米同盟の将来は危ういとの指摘もあった。同盟を維持するための「共通の敵」と「共通の価値観」が、失われかねないとの危惧を感じていた。

「日本国民に日米同盟が機能していることを印象づけるには、どうしたらいいのか」

この問題を解くカギが、拉致問題への「共同の取り組み」であった。米国が、拉致問題を共通の議題として積極的に取り組むことで、日米同盟が機能し、日本の役に立っていることを日本国民が実感できると確信したのだ。だが、日本政府の要請がないのに勝手にやれば、小泉首相の顔をつぶすことにはならないか。ホワイトハウスは最後まで、気配りを見せた。

だが、安倍晋三官房長官が、ホワイトハウスのこの懸念を取り除いた。官邸からの要請として、横田さんとブッシュ大統領の面会を頼んだのだった。シーファー駐日米大使も、ホワイトハウスに強く働きかけた。シーファー大使は、横田めぐみさんが拉致された新潟の現場まで、足を運んだ。日本の総理が、誰も新潟まで足を運んでいないのに、アメリカの大使が現場を視察したのである。救いを求める人間への愛情と使命感の違い、というしかないのだろうか。

安倍官房長官とシーファー大使には、日米同盟の共通課題として拉致問題解決に取り組むとの、共通意識があった。これには、同盟が国民に犠牲を強いるのでなく、「日本国民のための日米同盟」としてより政治的な機能を強化しようとの意向がある。

日朝首脳会談で危機に直面した日米同盟は、ブッシュ大統領と拉致被害者家族との面会で、同盟の機能を回復したことになる。

日本の政治家と外交官は、一九九〇年に同盟の危機を自ら招きながら、その意味が理解できなかった。同じ過ちを、十二年後の日朝首脳会談でも繰り返したのである。過去の教訓を学ばず、反省もしていなかったことになる。

拉致被害者を放置し、同盟を危機に直面させた自民党の多くの政治家たちの存在と、一部の外務省高官たちの判断の誤りを、決して忘れてはならないだろう。助けを求める国民を救出する意欲と勇気もなく、日米同盟の意味も理解していなかったからだ。

日米同盟はなぜ重要か

日米同盟については、「日本は、アメリカのポチ」との批判がある。しかし、ポチと言われようと、従属と言われようと、日本の発展に必要不可欠なら、同盟を利用するしかないのだ。

現代の世界に生きる日本人は、百年後二百年後の日本と日本人への責任を負っている。明治の日本人が、朝鮮半島を植民地にせず独立や自治を助けていたら、現在の日本と韓国との関係はもっとよくなっていだろう。同じように、我々も後世の日本人に責任を負っているのである。

最大の責任は、将来の日本が歴史の発展に取り残されず、国際社会で尊敬されることだ。歴史の発展に取り残されないためには、それを先導する価値観と政治システムの採用が、最も重要である。明治の日本が発展した最大の理由は、アジアで最初に近代的な立憲君主制を確立したためだ。しかし、「軍国主義」と「植民地主義」という遅れた価値観を採用した結果、大日本帝国は滅亡した。

戦後の日本は、アジアで最初の民主主義国、市場経済国家として、発展した。戦後世界を先導する価値観を導入できたのである。

世界のなかで歴史を先導する価値観と、政治システム、技術を創造する国は米国である。米国しかない。中国はまだ、二一世紀を主導する価値観と政治システム、技術を保有すらしていない。

世界史を先導する価値観とは、「自由民主主義」と「人権の尊重」「市場経済」「国民の権利拡大」などである。また、情報技術の発展が二一世紀の産業革命を生み出している。

日本は、どのような国と同盟を結ぶべきか。過去の歴史の反省に学ぶなら、答えは簡単である。歴史の先頭集団に加わるしかない。これが、冷徹な国際政治の現実である。こう考えると、二一世紀の日本には米国との同盟関係しか、なお選択の余地はない。

ただ、米国に忠告し反対の意見も述べうる友人であるべきだ。だが、そのためには政治家や指導者に欧米の政治家と同じ水準の教養と知性、国際政治についての理解力が求められる。語学力も必要だ。教養と知性、理解力なしの意見や判断は「蛮勇」であり「無謀」な行動でしかない。

二一世紀の日米同盟は、やがて軍事同盟よりも政治同盟に質的な転換を図らざるをえないだろう。また、日米同盟から日本が離脱すれば、アジアでの日本への警戒意識が高まる。その政治的、軍事的コストは、あまりにも高くつく。日本は、当面は日米同盟を最大限利用するのが、最も賢い選択になる。

国家が機能しなかった

二〇〇二年九月一七日、テレビ局は朝から小泉訪朝報道一色だった。

テレビ朝日の昼の番組に出演した直後に、報道局の幹部から「全員の安否情報は出るか」と聞かれた。出るなら特別番組の準備をしたいという。

金正日総書記の首脳会談冒頭の挨拶に、北朝鮮のメッセージが隠されていた。

「間違いなく全員の安否情報が出る」

私は、テレビ朝日の報道局で、一人の社会部記者を懸命に探していた。どうしても、声をかけたかった。狭い報道局の片隅に、彼は座っていた。

「よかったね。これで、左遷されないよ」

テレビ朝日で、長い間拉致問題を追いかけてきた芳沢重雄記者であった。

いまは社会部長職にある。彼にすれば、報道局の社会部長になったことは、奇跡のような感じだろう。同期よりは遅れたとはいえ、私もそう思う。

管理職には向かない性格だから、というだけではない。取材一筋で、拉致問題に記者としての使命をかけてきた。当然、会社の幹部や朝鮮総連ににらまれている、と思っていた。管理職には絶対になれないばかりか、そのうち左遷されると半ば覚悟はしていた。

小泉純一郎首相が訪朝するおよそ五ヵ月前に、インタビュー取材に来た彼がため息をつくように言った言葉が今も忘れられない。

「もう、拉致のネタも尽きてしまった。もっとトクダネを取材しないと、今の場所から飛ばされそうですよ」

「もうすこし、頑張れよ。何か新しいことが出てくるから」

「拉致問題は、解決しませんかね。横田めぐみさんのご両親たちの姿を見ていると、やりきれません」

「難しいよね。北朝鮮が、拉致を認めるとも思えないし。メディアが報道し続けるしかない」

「それでも、私はもう限界ですよ。幹部に目を付けられていて、飛ばされそうですよ。朝鮮総連が名指しでいやがらせするから」

「テレビや新聞は拉致被害者と家族の最後のより所だから。拉致被害者を犠牲にして、国交正常化を主張とする政治家や学者が多いから。頑張ってよ」

「でも、私の方は秋までもつか……」

二人がこう話し合っていた頃に、平壌では蓮池薫さんたちが「日本に帰る気はないか」と、テストされていたのである。

彼が異動を覚悟した秋に、奇跡は起きた。北朝鮮が拉致の事実を認めた。

小泉首相が訪朝に傾いていた事実を、私たちはまったく知らなかった。

当時私は、情報網の一人から「秋に大きなことが起きるかもしれない」と言われてはいた。でも、まさか日朝首脳会談だとは、思わなかった。

芳沢氏は当時、有本恵子さんを欧州から拉致した八尾恵さんの取材を継続していた。八尾さんは、旅行気分ででかけた北朝鮮で、日航機をハイジャックした日本赤軍のメンバーと結婚せざるを得なくなった。その後、彼女は北朝鮮の指示で密かに日本に戻り「工作」活動をしている時に、逮捕された。八尾恵さんの有本さんのご両親への「謝罪面会」を、芳沢氏は報道していた。

彼が拉致問題に取り組み始めたきっかけは、有本さんの拉致であった。有本さんたちが生きて助けを求めているにもかかわらず、政治家や日本政府は動かない。記者としての使命感が、それを許せなかった。

その有本さんらの生存を証明する手紙が届いたのは、日朝首脳会談からちょうど十四年前のことであった。拉致された日から数えれば、十八年以上もかかったのである。日本は国家として、機能していなかった、と言われても反論できないだろう。外務省だけの責任ではない。

現代の国際政治では、「国益」とは「国民の利益」を意味する。具体的には「国民の権利と幸せの拡張」である。国民を犠牲にした「国家の利益」は存在しない。国家の利益を「国益」とする考えは、一九世紀の王制か、二〇世紀前半の「全体主義」の考え方である。国民の利益を無視して「国益」は存在しない。

国民救出よりも、「国会対策」と「北朝鮮利権」に血道をあげた大物政治家たちが、救出を遅らせた。北朝鮮に関わった日本の政治家たちは、なお二〇世紀初頭の教養水準であった、というしかないのだろうか。

彼らは、拉致被害者の存在と生存を知らなかったわけではない。救出しなかったのである。その責任は、大きい。犯罪的ですらある。

一九八八年九月に、平壌から密かに欧州を経て、一通の手紙が北海道に届いていた。

「家族の皆様、長い間心配をかけて済みません。私と松木薫さんは、元気です。途中で合流した有本恵子君供々《(ママ)》、三人で助け合って平壌市で暮らして居ます。……我々の生存の無事を伝えたく、この手紙をかの国の人に託したしだいです。とに角、三人、元気で暮らして居りますので御安心して下さる様御願い致します」

これは、一九八〇年五月にヨーロッパ旅行中に拉致された石岡亨さん（北海道出身）が、一九八八年九月に家族に密かに宛てた手紙である。当局の許可を得て出した手紙ではない。たまたま外出を許された平壌の外貨ショップで、信頼できそうな外国人を見つけた。監視人の目を盗んで、密かに託した手紙が家族に届いた。ポーランドで投函されていた。十年以上の時間がたってから、この人物は日本のテレビ局の取材に応じた。

行方がわからなくなってから八年四ヵ月。家族にも誰にも、自分の運命を伝えられない不安と恐怖。

もし手紙を託した事実が明らかになれば、処刑されるかもしれない。この手紙は、そうした最悪の事態も覚悟したうえで託された、命がけの手紙であった。

石岡さんは、最悪の事態を覚悟して手紙を書いた。命の危険を覚悟しても、送りたい理由があったと考えるべきだろう。

このまま、誰にも知られずに北朝鮮で死ぬことへの恐怖。自分が犠牲になっても、命をかけても三人のことを家族にだけは知らせておきたいとの思い。

当時、石岡さんや有本さんを襲った「命の危険」とは何だったのか。

「命の危険」は、一つではなかったはずだ。最大の危険の一つは、国際情勢の激変に伴う、北朝鮮崩壊がもたらす恐れではなかっただろうか。

当時は、東欧社会主義諸国が崩壊に向かっていた。当然、北朝鮮の指導部や工作機関・秘密警察でも、その対応や情報が話し合われたはずだ。それは、石岡さんや有本さんの耳にも入る。何かを感じたはずである。

もし北朝鮮が崩壊した場合に、拉致被害者はどうなるのか。これは、当人たちにとっては命のかかった重大な問題である。

「崩壊の場合には殺される」との恐怖が、手紙を出す決意をさせたのではないだろうか。「早く助け出してほしい」との思いと同時に「少なくとも、自分たちに起きた事実を知らせたい」との切迫した思いが、手紙の行間に込められていた。

この文章を作るのに、相当考えたはずだ。もし見つかった場合のことを考慮する必要がある。自分一人で責めを負うつもりだ。そのためか、拉致の詳しい経過や北朝鮮を刺激するような表現は避けている。

この文章からは、拉致被害者のつらい立場や、危険にさらされている状況が痛いほどに伝わってくる。

この手紙を手に、家族は旧社会党の土井たか子元委員長の事務所や外務省などに、相談に行った。しかし、誰も相手にしてくれなかった。当時、自民党の安倍晋太郎元外相の秘書をしていた子息の安倍晋三氏だけが、親切に対応してくれたという。

もっとひどい話がある。石岡さんが、命をかけて手紙を託した翌年の一九八九年に、野党の名だたる政治家たちは、日本人拉致の実行犯である辛光洙《シン・ガンス》容疑者の釈放を求める嘆願書を韓国の盧泰愚《ノ・テウ》大統領に送っている。日本国民が助けを求めているのを知りながら、拉致実行犯の釈放を求める文書に名前を連ねていた。

この嘆願書には、土井たか子元委員長や村山富市元首相、菅直人元民主党代表も名を連ねている。朝鮮総連の要請で、名前だけ貸したのかもしれない。だが、拉致被害者やその家族に、「裏切り者」「北朝鮮の手先」と言われてもしかたがないだろう。

社会党は、北朝鮮が拉致を認める直前まで、「拉致はない」といい続けた。

北朝鮮は、二〇〇二年の日朝首脳会談で「有本さんと石岡さんは、一九八八年に死亡」と明らかにした。手紙を密かに託した年に、死んでいたことになる。手紙を出した時までは生きていたのだから、その直後に死んだとつじつまを合わせた発表である。

この「つじつま合わせ」の作業をした北朝鮮の担当者たちは、その後に起きたことを、まったく知らなかったようだ。二人とも一九九五年ないし一九九八年までは生きていたとの証言や、双方の関係者による密かな動きがあった。

石岡さんの手紙が届いてから、二年後の一九九〇年九月には、金丸信・元副総理を団長とする与野党の政治家が訪朝した。金日成主席とも会談した。ところが、訪朝団は石岡さんと有本さんらの拉致問題には、まったく触れなかった。誰も助けの手を差し伸べなかったのである。

この訪朝団には、野中広務、石井一氏など日本を動かす政治家たちが名を連ねていた。その後、土井たか子、小沢一郎氏も訪朝した。彼らが、有本さんたちのことをまったく知らなかった、とは言わせない。この年の初めには、日本の週刊誌が北朝鮮による有本さんらの拉致を報じていた。また、原敕晁《はらただあき》さんについては、八五年に韓国の情報機関が発表し、日本の新聞でも大きく報じられた。田口八重子さんについても、報道された。

当時、北朝鮮の指導者に「拉致被害者を帰してほしい」とはっきり言っていたら、多くの被害者がすでに帰国していたはずである。国民の救出を、政治家たちは自分の使命とは考えなかった。それよりも、日朝正常化の利権漁《あさ》りに走り回る人たちがいた。

拉致問題をめぐる政府や多くの政治家の冷たい対応は、「日本は国家なのか」という問題を突きつけている。拉致された国民の救出に取り組まない政治家や機関に、国家や政府を名乗る資格はない。

拉致問題に関して「アメリカならば……」という声が、よく聞かれた。アメリカならば、拉致被害者の選挙区の政治家がすぐに北朝鮮に飛ぶか、政府が帰還交渉に乗り出している。応じないのなら、制裁や軍事行動を発動するだろう。それが、国家としての機能なのだ。

現代の国家は、国民を守り国民に利益と繁栄をもたらすために、存在する。国家は国民を犠牲にする存在ではない。国民を犠牲にする国家は、封建時代や独裁国家、全体主義国家の概念である。

日本の政治家や外交官は、国家のために拉致被害者を犠牲にしてもいい、とは考えていないだろう。それは、一九世紀から二〇世紀初頭の国家観である。二一世紀の国家観とは異なる。

なぜ救出できないのか

日本の外交官と政治家たちは、なぜ恥ずかしいほどに北朝鮮に弱かったのか。

横田めぐみさんと、有本恵子さんらは生きている。北朝鮮のウソに満ちた発表が、それを証明している。なのに、なぜ救出できないのか。

北朝鮮は「有本さんと石岡亨さんは、一九八八年に練炭ガス中毒で死亡した」と発表した。真っ赤なウソである。第三章で明らかにしたように、有本さんが一九九五年から一九九八年までは生きていた、との事実は関係者の間では確認されていた。

なのに、どうして取り戻せないのか。

歴代首相で「拉致問題の解決なくして国交正常化なし」と明言したのは、小泉純一郎首相だけである。その小泉首相も、日朝首脳会談で「拉致被害者全員の帰国」を要求しなかった。

日本政府は、公式には拉致被害者全員の帰国を要求しなかった。ウソではない。日本政府が拉致被害者帰国を公式に要求したのは二〇〇二年九月一七日の日朝首脳会談終了後である。それまで、日本が要求したのは拉致の「事実確認」と「安否情報の提示」であった。日本政府は、明確にはっきりと「生存している拉致被害者がいれば、全員帰国させよ」とは要求しなかった。

北朝鮮は、経済は最貧国の水準だが、工作と外交駆け引き、情報・謀略戦では日本と対等以上に渡り合ってきた。

なぜ、日本外交は弱体だったのか。

要求すべきことを、はっきり言わなかったからだ。

要求を百パーセント以上突きつけるのが、外交駆け引きのイロハである。日本の一部政治家は、そのイロハがわからず、「外交敗北」を続けた。

「外交敗北」の第一の原因は、多くの政治家にある。国際政治に関する理解や知識のない一部政治家が、「国会対策」的感覚で外交をもてあそんだ。こうした人たちは「政治屋」であり、「政治家」の名前に値しない。

日本の学校英語では、政治家は「ポリティシャン」と教えられる。アメリカでは、「ポリティシャン（Politician）」は「政治屋」を意味する。政治家には「ステーツマン（Statesman）」と言わないといけない。

私は、ワシントン特派員時代に連邦議員に「あなたのような立派なポリティシャンが……」と言って、大変しかられた。

「私は、ステーツマンだ」と、言い返された。

日本語でも、「政治屋」と「政治家」を区別する言葉を作るべきだ。利権にむらがり、北朝鮮の手先になる「政治屋」が多すぎる。「ステーツマン」と呼べる政治家が、何人いるか数えてみてほしい。

一九九〇年までは、外交に権限も責任も持たない野党の政治家が、北朝鮮の手先としての役割を果たした。それ以降は、自民党の政治家が北朝鮮の利権にむらがった。

北朝鮮に近い政治家は、拉致被害者救出に力を注がなかった。中には、「拉致の証拠はない」「国交正常化が大切だ」などという人たちもいた。

安倍晋三議員だけが、早くから一貫して拉致被害者の救出に取り組んだ。

第二の理由は、平壌の核心情報入手と正確な分析を欠いたことである。

第三の理由は、朝鮮総連の存在だ。総連は、意図的に情報操作を行い、平気でウソをつく。政治家や新聞記者に食い込み、手先まがいに利用している。

まず、日本の政治家がいかに勝手で無責任なことをしてきたかを、忘れないでいただきたい。

旧社会党(現社民党)は、最後まで拉致はないと主張し、北朝鮮の立場に立った。村山元首相と土井元委員長らは、日本国民の命を見殺しにした「戦犯」と言われても反論できないだろう。

旧社会党と自民党の「国会対策」に通じた政治家たちが、北朝鮮と朝鮮総連に、政治家はカネと利権で何とでもなると思わせてしまった。自民党の実力者として恐れられた元幹事長は、工作機関「統一戦線部」の責任者や幹部と接触を続け、訪朝団をまとめた。

国会対策は、永田町という一キロから二キロ四方の狭い場所でしか通用しない。それを、北朝鮮や中国、アジアなど利権が期待できる国家を相手に行った。

ところが、アメリカに対しては、国会対策的外交を展開できないのである。アメリカの政治家は、外交当局を無視して「外交のまねごと」はしない。なによりも、国会対策に携わる政治家のほとんどが英語での意思の疎通ができない。

「国会対策」は、一般の国民にはなじみのない言葉である。だが、「国会対策的手法」こそが、日本の外交と政治の発展を阻害する最大の元凶である。政治の透明性を失わせ、国民と国家の百年の大計を無視した「談合政治」が展開されている。

日本に比べると、アメリカの政治と外交の基準は明確だ。政治家は、外交政策について議会で論ずるが、自分が勝手に直接交渉するようなことは絶対しない。外交交渉には手を出さないことが、議員の原則だ。

アメリカの行動の原則は、違法か違法でないかが最大の判断基準になる。だから、偽ドルや偽タバコの製造、麻薬、マネー・ロンダリングなどのヤミ・ビジネスには厳しい。

また、現代の外交理念は民主化と人権問題である。「国会対策」は、「理念」を嫌う。利権優先の

「利念」が先行する。人権や民主化は後回しだ。

日本政府は、北朝鮮が拉致や麻薬密輸、工作員派遣などの違法行為を繰り返しても、公式にやめろとは言わなかった。国民の安全と社会安定を考えれば、政治家は「拉致や麻薬密輸をする国とは付き合えない」と、はっきり言うべきであった。

「政党・議員外交」をやめよ

日本のメディアも、北朝鮮と朝鮮総連を甘やかした。「議員外交」という言葉で、政治家に媚《こび》を売った。外交権限を与えられていない政治家に「外交」はできない、との記事を書くべきであった。

新聞とテレビは、「議員外交」や「政党外交」の言葉を使うべきではない。議員には、外交を行う権限も責任も与えられていないのだ。

「拉致よりも正常化が重要だ」と言う官僚がいた。また政治家の中には「拉致よりも大きな問題がある」と言う人物もいた。こうした発言の背後には、拉致を適当に棚上げして正常化すべしとの「本音」が隠されていた。違法行為に甘かった。利権がすべてに先行した。

朝鮮総連の幹部や関係者の違法行為についての報告があがっても、見てみぬふりをした。国家公安委員長の地位を利用し、警察情報を北朝鮮に流したと疑われた実力者もいた。

中には、朝鮮総連首脳部の違法な金融取引を無視して、傘下の信用組合に公的資金を密かに投入させた大物政治家もいた。もちろん、国会対策で豪腕を振るった政治家である。

北朝鮮の国家予算は、現在の為替レートでは三千億円弱しかない。国内総生産（ＧＤＰ）は、多く見積もっても七千億円程度だ。日本の島根県ほどの経済力もない。国力は、日本と比べ物にならないほどの小国だ。

その小国に対して、拉致問題の扉を開けるまでに、二十年以上かかっている。そのうえ、なお全面解決のメドはたっていない。

小泉純一郎首相の訪朝については、評価が分かれている。

北朝鮮に日本人拉致の事実を認めさせ、拉致被害者五人と家族を連れ戻した成果は、高く評価すべきだ。しかも、北朝鮮利権にはまったく無縁だったことも、評価されるべきだろう。

小泉首相は、二〇〇二年の第一回の訪朝では、国会対策的手法を取らなかった。だが、第二回の訪朝は、問題が多かった。国益が危険にさらされた。朝鮮総連の実力者を通じた国会対策的手法に、頼ったのだ。

北朝鮮に関わった自民党の主要政治家の中で、北朝鮮利権にまったく関係なかったのは、私の知る限り小泉首相と安倍晋三官房長官、高村正彦元外相だけである。三人とも、「拉致問題の解決なしには、国交正常化なし」といい続けた。また、故梶山静六氏は北朝鮮の日本人拉致を、政府として公式に認めた。

他の首相や外相は、決してそうは言わなかった。「拉致問題が解決しない限り、絶対に正常化しない」とは、言わなかったのである。この姿勢が、拉致問題の解決を遅らせた。

何人かの指導者は「拉致問題の前進が必要だ」「拉致は難しい課題だ」とは語った。だが、こうした表現は、「拉致を棚上げ」にできる可能性を残していた。

拉致被害者を救出したのだから、小泉首相は国民的英雄になってもよかった。だが、そうはいかなかった。その後の姿勢には、批判がある。

何が問題だったのか。

拉致された国民への愛情に欠ける、と思われても仕方がない対応が目に付いたからだ。自分が救出した拉致被害者や被害者家族を、年に二〜三度は官邸に招き激励してもいいのに、何か、北朝鮮に気を使っているように思える言動が、拉致被害者家族らの不信を買った。

日本政府が、「拉致被害者全員の帰国」をはっきり言わず、小国の北朝鮮に気を使う必要がどこにあるのか。国民を救出するのに、何を遠慮する必要があるのか。こうした思いを抱いた国民は、少なくなかった。

小泉首相は、経済制裁を求める国民の声の高まりにも、あえて「制裁しない」「もっと対話で」と発言した。

これは、戦略的な対応ではない。国民の運命を預かる首相の発言としては、「外交の素人」と、いうしかないのだ。それとも、北朝鮮に「制裁はしない」と約束してしまったのか、との疑問がつきまとう。

三回目の訪朝という「下心」を北朝鮮に見透かされ、「制裁しない」という条件を付けられている、との指摘もあった。

制裁をしないつもりであれば、なおさら次のように言うのが、国際政治と外交の常識である。

「制裁を排除しない」

「制裁も選択肢の一つである」

「必要なら制裁の準備を進める」

訪朝団メンバー一覧

●金丸訪朝団（1990年９月）

自民党	金丸信	元副総理
	石井一	
	武村正義	
	山村新治郎	
	野中広務	
	斎藤斗志二	
	伊江朝雄	
	鹿野道彦	
	池田行彦	
	小里貞利	
	小此木彦三	
	谷洋一	
	森山真弓	
社会党	田辺誠	副委員長
	久保亘	
	山花貞夫	
	深田肇	
	田並胤明	
	高木将勝	
	藤田高敏	
	野坂浩賢	
	粕谷照美	
	大渕絹子	

●森訪朝団（1997年11月）

自民党	森喜朗	総務会長
	野中広務	幹事長代理
	中山正暉	北朝鮮拉致疑惑日本人救援議連会長
	関根則之	北朝鮮拉致疑惑日本人救援議連事務局長
	小野清子	女性局次長
社民党	伊藤茂	幹事長
	大脇雅子	国際局長
	田英夫	外交防衛副部会長
新党さきがけ	堂本暁子	議員団座長

●村山訪朝団（1999年12月）

自民党	野中広務	幹事長代理
	原田義昭	外交部会長
	須藤良太郎	参議院議員
社民党	村山富市	元首相
	深田肇	
	大脇雅子	
民主党	伊藤英成	
	大畠章宏	
公明党	久保哲司	
	福本潤一	
自由党	野田毅	
	青木宏之	
共産党	穀田恵二	
	緒方靖夫	
改革クラブ	小沢辰男	
無所属	園田博之	

あとがき――北朝鮮情報の読みかた

私は、三十年以上にわたり日本の対北朝鮮外交を取材してきた。北朝鮮について本当のことを書こうとすると、危険や脅し、不利益を伴う時代から、取材を続けている。日本のジャーナリストや研究者の中では、最も長く北朝鮮をみつめてきた一人である。少なくとも、報道と言論の自由のために、戦ったつもりだ。

私の長い経験から言わせてもらうと、日本の対北朝鮮外交を骨抜きにしてきたのは、与野党の政治家たちであった。北朝鮮の工作機関の責任者や担当者を相手にし、「外交」を蹂躙《じゅうりん》してきた。国際政治について無知で、外交の意味もわからない「政治屋」が裏で介入した。彼らの多くは、今も昔も自民党の実力者と呼ばれている。

北朝鮮の手先のような政治家が外交に介入し、勝手な約束をし、妨害した。多くの政治家が、永田町での「国会対策」と外交を取り違えた。族議員的な感覚で外交に取り組もうとした。政治家（屋）が、日本の「外交敗北」を誘導してきたといっても、間違いはない。

なぜ、日本外交は北朝鮮にしてやられたのか。理由は、簡単である。平壌の核心情報を取れなかったからだ。情報の真偽を見分けられなかった。

日本側の手の内は、平壌に筒抜けなのに、日本は平壌首脳部の情報をまったく取れずに対応せざるを得なかった。

さらに、新聞やテレビの記者たちも、平壌の事情についての情報なしに、記事や解説を書いている。だから、「日本外交行き詰まり」といった記事を、平気で書く。実は、北朝鮮の方が困り果てており、外交担当者がクビ寸前であるのに、その事情をまったく知らずに記事を書いている。

外交も記事も、相手側の情報をきちんと収集し取材するのが、基本である。ところが、この取材や情報収集なしに記事を書くから、問題なのである。

この本では、日朝首脳会談前後の平壌の事情と公開情報を中心に、日朝外交の真実を描き出してみた。

対北朝鮮外交のキーワードは、「日米同盟」と「平壌の核心情報入手」である。

日朝正常化については、「日本の自主外交」という声をあげる人たちがいる。日朝首脳会談の時には、外務省高官でさえ独自外交に言及した。こうした「自主外交論者」の対北朝鮮外交論議は、日朝正常化は、「日米同盟」の根幹に触れる問題である、との認識を欠いていた。

この本では、日朝首脳会談とその後の日本外交を、平壌中枢の情報をもとに、北朝鮮の事情を理解したうえで考え直してみた。私の愛国心は、日本の「外交敗北」との辛口の評価を下さざるを得ないのだ。

平壌は、日本の政治情報や外務省の作戦について、常に情報を入手している。日本の新聞記者、政治家、外交官に積極的に近づく。現金が手渡されることもある。それとは気づかずに北朝鮮の手先に、情報を教えているケースもある。

朝鮮総連幹部の肩書きを持った人物やその手先が、永田町や議員会館、外務省内に出入りしている。朝鮮総連傘下組織の女性が、ショッピング袋に現金を詰め、議員会館内外を歩き回り、現金を手渡していた事実を日本の警察は確認している。

朝鮮総連は、北朝鮮の工作機関とつながりがある。そうした機関の幹部と、日本の政治家や外交官が頻繁に会うこと自体、問題である。それが、政治家や官僚にはわからない。

朝鮮総連の首脳部の中には、日本の政治家や外交官、官邸の幹部に「現金を手渡した」と豪語している人物もいる。昔の話ではない、現在の事実なのだ。こうした話は、半分は脅しのための偽情報だろう。総連への家宅捜索や幹部逮捕の情報が流れると、こうした「脅し情報」を総連側も作る。これは、朝鮮総連の幹部を逮捕すると、カネを受け取った政治家や政府高官の名前を明らかにする、という脅しである。これで、警察の捜査は何度となく妨害された。

かつて外務省の幹部で、朝鮮総連の首脳陣とは絶対に会わない外交官がいた。彼によると、朝鮮総連の関係者は、北京で日本の政治家や官僚に、資金を渡していたというのだ。驚くべき話である。この情報を調べた政府の担当者は、「相当の人物が現金を受け取っていたので、困った」と、明言した。北朝鮮のスパイや手先になる政治家・官僚の名前は明らかにされるべきだ。

平壌の情報は、なかなか取れないと言い訳する外交官もいる。だが、平壌中枢の情報は、日本の情報機関が取ろうと努力すれば取れないことはない。また、韓国や中国、アメリカの情報機関との情報交換をすれば、かなりの真実が明らかになる。

日本の公安調査庁は、平壌の動きに関して相当に確度の高い情報を入手している。その分析力は、一級である。また、外務省も、最近の情報収集は以前に比べ格段によくなっている。

問題は、こうした情報を総合的に集め、分析、検討し活用するシステムができていないことだ。外交交渉や駆け引きに生かされるシステムになっていないのである。

北朝鮮についての情報収集と分析を、同じ職員に長年にわたり継続させているのは、公安調査庁だけである。その分析の確率のよさには、定評がある。担当者が長期間変わらないからだ。担当者がしばしば交代し、足で情報を集めることをしないと、正確な情報収集力と分析力は高まらない。情報は、集まらない。

北朝鮮に関する情報や噂は、私の経験では九〇パーセント以上が意図的なガセネタである。「金正日死亡説」や「クーデター説」から、「米朝秘密接触」などが、まことしやかに流される。「小泉首相第三回訪朝」の情報も絶えなかった。こうした情報の真偽を見分ける能力が、朝鮮問題では最も求められる。朝鮮総連の関係者の中には、もっともらしいガセネタを売り歩く人たちが少なくない。政治的な意図を秘め、情報を捏造する行為も頻繁に行われる。

ところが、政治家やメディアの中には朝鮮総連の情報や言い分を、そのまま信じてしまうナイーブな人たちがいる。朝鮮総連は、いまや平壌中枢の情報を入手できない状況にある。平気で北朝鮮にウソの報告をあげることが、平壌でも知られてしまった。

朝鮮総連は、誹謗中傷の噂を流しウソを平気でつく。これが、朝鮮人への尊敬の感情を失わせている現実を、在日同胞は直視すべきだ。

警察では、警視庁と神奈川県警の外事課が北朝鮮についての情報収集では群を抜いている。

内閣調査室は、人員と取材の不足が問題だ。かつては分析力では大変優れていた。時代が変わり、いい情報は自ら足でかせがないと集まらないので、苦労している。各地の警察の担当者から、北朝鮮情報の優秀な専門家をピックアップできればいいのだが、組織の壁のため優秀な人材を登用できないでいる。

北朝鮮情報の入手と分析には、十年以上の経験と判断力が必要である。外務省には、十年、二十年も北朝鮮だけ担当している職員はいない。どうしても、北朝鮮についての基礎知識に欠けるきらいがある。警察も、専門の担当者が出世し人事異動させられると、情報を取れなくなる。

それでも、外務省の情報収集力は、格段に向上した。ただ、独自に集めた情報や他の省庁が集めた情報を、担当部局がうまく使いこなせないシステムが、最大の問題だ。

一九九〇年代の後半に外務省国際情報局の荒木喜代志（現参議院国際部長）審議官は、金容淳《キム・ヨンスン》書記が監視対象になり、権限を失う危険に直面している情報を上げた。ところが、アジア局北東アジア課のノンキャリの職員たちが、「そんなことはありえない。金正日総書記の最大の側近だ」と取り合わなかった。それればかりか、荒木審議官を攻撃したのだ。

ところが、この情報は百パーセント正しかった。キム・ヨンスン書記は、その後取調べを受け工作機関担当の役職を解任された。彼の入院中に、金正日総書記は一度も見舞わず、葬式も家族葬という冷遇だった。

自民党の実力者は、キム・ヨンスン書記の要請を受け、合わせて百万トン以上のコメ支援を政府にさせた。ところが、代金支払い期限が来た分について、北朝鮮は一円も支払わないのである。

北朝鮮に支援したコメは、国民の財産である。金額にすると、数千億円になる。国家の財産を無駄にした政治家の責任を問うべきだ。当時の外務省の北朝鮮担当者たちは、情報を入手し分析する能力に欠けていた、というしかないだろう。

二〇〇〇年には、キム・ヨンスン書記が調査を受けたとの情報も、すでに入手していた。それなのに、外務省は五十万トンのコメを支援した。情報は入手されていたのに、活用できなかったケースである。

読売新聞政治部がまとめた『外交を喧嘩にした男——小泉外交二〇〇〇日の真実』（新潮社）は、新聞に連載されたときから注目していた。新聞連載記事では、一級の作品だ。

ただ、外交官や官僚の発言を、そのまま信用しないでもらいたかった。外交官や官僚は自分に都合の悪いことは平気で「ウソ」をつき、正当化する人たちである。また、自分の成果は誇大に語ろうとする。伝えられたアジア大洋州局長の発言には、首をひねりたくなる箇所が多々あった。

同じジャーナリストとして、取材記者にはもう少し疑問点をぶつけてほしかった、との思いがある。北朝鮮側の高官たちの証言とは、かなり食い違うからだ。これは、政治部記者による外交記事の限界ではないか、と私は考えている。

一般の読者はまったく知らないだろうが、日本の外交記事は政治部の記者が書いている。政治記者には、国際政治の現場で取材した経験はない。国際政治についての知識も判断力も限られている。外交は、国際政治の流れや動きの中で行われるものである。ところが、政治記者の関心は国内事情に集中する。

日本の新聞は、国際事情を知る外信（外報）記者に外交記事を書かせない。だから、外交記事は政治家や官僚の宣伝記事になりかねない。国際政治にうとい政治記者を、うまく丸め込むからだ。アメリカの新聞は、外交記事を海外特派員経験のある専門記者に書かせている。

米国務省の記者会見では、国務長官や国務省高官と記者が、外交問題をめぐり対等にやり合う。国務省担当記者のほうが新任の国務長官や外交官よりも、専門家なのだ。この火花を散らすやり取りは、かなり見ごたえがあった。

日本の外交報道にも、これだけの資質が求められる時代なのだが、新聞社の取材システムは旧態依然というしかない。この結果、専門家はもとより外交官、政治家にまで侮られるような記事が掲載されているのが、現実である。

日朝首脳外交で問われたのは、次の四つの視点であった。

（一）北朝鮮問題は、日米同盟の存亡に関わる問題であるとの認識はあったのか。

（二）国際政治が変化すると、小国北朝鮮は日本に接近する。日本はあわてる必要はない、との理解と判断はあったか。

（三）工作を排除し外交を推進する、使命感と理解を持っていたか。

（四）日本は、平壌の核心情報を収集していたか。

この四つの物差しを当ててみると、日朝首脳会談前後の外交は日本の「外交敗北」であった、と言わざるを得ない。日本は、平壌の事情を知らず、情報も入手できず、勝手な思い込みで北朝鮮を相手にしたのではないか。

日朝のこれまでの外交関係については、拙著の『北朝鮮の外交戦略』（講談社現代新書）をお読みいただければ幸いである。

平成一八年六月

重村智計《しげむらとしみつ》

【著者略歴】

１９４５年、中国に生まれる。早稲田大学卒業。１９７１年、毎日新聞社に入社、１９７９年から85年までソウル特派員として北朝鮮に迎合的だった日本の朝鮮半島報道の流れを変える。１９８９年から94年のワシントン特派員時代には、米朝核交渉で数々の国際的なスクープを報じる。早くから、北朝鮮は戦争できないし、早期崩壊もないと明言した唯一の専門家として知られる。この間、高麗大学大学院、スタンフォード大学へ留学。毎日新聞論説委員を経て、早稲田大学国際教養学部教授。テレビのコメンテーターとしても活躍中。著書に『北朝鮮の外交戦略』『最新・北朝鮮データブック』（ともに講談社現代新書）、『北朝鮮自壊』（東洋経済新報社・共著）などがある。

外交敗北《がいこうはいぼく》――日朝首脳会談《にっちょうしゅのうかいだん》と日米同盟《にちべいどうめい》の真実《しんじつ》

二〇〇六年六月二十九日　第一刷発行
著者――重村智計《しげむらとしみつ》
装幀――鈴木成一デザイン室
カバー写真――日本テレビのニュースより

発行者――野間佐和子　**発行所**――株式会社講談社
東京都文京区音羽二丁目一二―二一　郵便番号一一二―八〇〇一
電話　編集〇三―五三九五―三五二二　販売〇三―五三九五―三六二二　業務〇三―五三九五―三六一五
印刷所――慶昌堂印刷株式会社　**製本所**――黒柳製本株式会社
落丁本・乱丁本は購入書店名を明記のうえ、小社業務部あてにお送りください。送料小社負担にてお取り替えします。なお、この本の内容についてのお問い合わせは現代新書出版部あてにお願いいたします。
ISBN4-06-213505-1
定価はカバーに表示してあります。